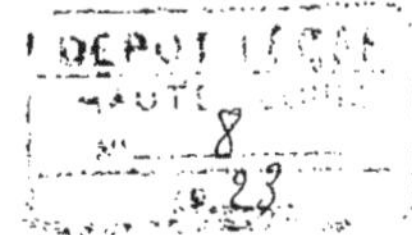

VALENTIN MONTALBAN

LA PÊCHE DU SAUMON

DANS L'ALLIER A LA BAJASSE PRÈS BRIOUDE

LE PUY-EN-VELAY
LIBRAIRIE ANCIENNE ET DES PROVINCES
BADIOU-AMANT
33, PLACE DU BREUIL, 33

1923

LA PÊCHE DU SAUMON DANS L'ALLIER

A LA BAJASSE, PRÈS BRIOUDE

DU MÊME AUTEUR :

La Sous-Préfecture de Brioude, Brioude, Watel, 1914. — In-8°.

Les tableaux de l'église de Brioude, Aux éditions de l'*Almanach de Brioude*. — 1921.

EN PRÉPARATION :

Le nom littéraire et artistique.

LA BAJASSE.

Bois gravé de Raymond de Buyer.

VALENTIN MONTALBAN

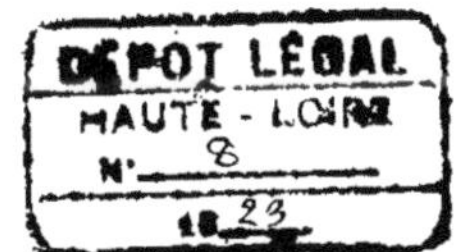

LA PÊCHE DU SAUMON

DANS L'ALLIER A LA BAJASSE PRÈS BRIOUDE

LE PUY-EN-VELAY
LIBRAIRIE ANCIENNE ET DES PROVINCES
BADIOU-AMANT
33, PLACE DU BREUIL, 33

1923

EXTRAIT DU *BULLETIN HISTORIQUE*
de la Société d'Agriculture, Sciences, Arts et Commerce du Puy et de la Haute-Loire,
6e année, 1921 et 7e année, 1922, fascicules 1-2, 3-4.

A VALENTIN MONTALBAN

Mon cher ami,

N'étant ni pêcheur, ni gourmand, je n'aurais aucun titre à présenter à une élite de lecteurs — à ces happy few *dont parle Stendhal — votre étude sur la pêche du saumon à la Bajasse, si vos affectueuses confidences ne m'avaient en quelque mesure associé à sa gestation.*

*De cette étude, ce fut le regretté Paul Le Blanc qui vous suggéra l'idée. Bibliophile, archéologue, généalogiste et, par surcroît, sagace amateur de fins morceaux, Paul Le Blanc était l'un des derniers représentants d'une race qui s'éteint, d'un type que la vie moderne exclut de ses classifications, celui de l'*érudit local, *de l'homme de loisir et de goût, comme autrefois l'on en comptait beaucoup dans nos provinces, qui s'était fait, parmi ses collections et ses livres, une ombreuse retraite, et dont l'infatigable, mais un peu exclusive curiosité s'étendait — choses et gens — à tous les produits de son terroir.*

Qu'il fut donc heureusement inspiré, lorsqu'il vous engagea de consacrer une monographie à la pêche du saumon dans l'Allier; et quel ingénieux parti vous avez su tirer des documents que mit à votre disposition le vieux maître dont — Elisée de cet Elie — vous avez recueilli le manteau !

Le premier chapitre de votre étude est dédié aux gourmands.

Depuis le Viandier *de Guillaume Tirel, « enfant de cuisine » de la reine Jehanne d'Evreux, plus tard « maistre des garnisons de cuisine » au roi Charles VI ; depuis le* Ménagier de Paris, *dont on ignore l'auteur, jusqu'à l'*Almanach des Gourmands *de Grimod de la Reynière et au* Livre de Cuisine *de Gouffé, « ancien officier de bouche du Jockey-Club », vous avez compulsé, médité, à l'article « Saumon », tous les traités spéciaux, colligé toutes les recettes qu'inventa, pour mieux apprêter le « roi des poissons d'eau douce », le génie des maîtres queux. Il en est, parmi ces recettes, dont la seule lecture active la sécrétion du suc gastrique ; celle-ci, par exemple, que vous empruntez à Grimod : « On fait suer le saumon à la braise, on le mouille de deux bouteilles d'excellent vin de Champagne, et on le dresse, garni d'ailerons de dindons glacés et d'une douzaine de superbes écrevisses cuites dans le même nectar ». — N'est-ce pas, en vérité, à faire venir l'eau à la bouche ?*

Mais, si haut que vous les prisiez, les lauriers-sauce des Brillat-Savarin ne vous empêchent pas de dormir ; vous traversez les cuisines, vous ne vous y attardez pas, et c'est au grand air et en pleine nature — à la Bajasse — que nous transporte votre second chapitre ; à la Bajasse, c'est à dire aux abords de la digue ou « pellière » qui, de temps immémorial, barre l'Allier à une demi-lieue de Brioude, et s'oppose à la remontée des poissons migrateurs, ou du moins la retarde et la contrarie..

C'est à la Bajasse que les chanoines-comtes, dont vous évoquez, avec tant de précise érudition, la vie monotone et sans faste, que ces gentilshommes à seize quartiers, au demeurant mieux pourvus de quartiers de noblesse que de quartiers de rente, venaient promener leur désœuvrement. A l'abri dans leur « tonne » rustique du bord de l'eau, les dignitaires du chapitre, M. le Prévôt, M. le Doyen y dépêchaient leurs heures, s'arrêtant à contempler, entre deux répons, le paysage apaisant que borne, de ses croupes caparaçonnées de brume, la caravane au repos des monts du Velay ; et cependant, penchés sur le plat-bord de ces larges

« bachots » que l'on manœuvre à l'aide d'une gaule, leurs cadets, le trident au poing, fouillaient le lit de la rivière...

La Bajasse reste ce qu'elle était de leur temps, l'un des meilleurs postes de pêche de la région ; et c'est au dessous de la chute d'où les saumons, dans l'ardeur de leur remontée, jaillissent en étincelantes paraboles, que s'assemblent les pêcheurs brivadois. De nombreux amateurs étrangers, qu'attire la passion du sport, que retient le charme du site, ont, depuis quelques années, pris l'habitude de les y rejoindre, et ils y consacrent leurs loisirs au pourchas de l'étrange poisson dont, avant de récents travaux, les mœurs ne nous étaient qu'assez imparfaitement connues.

Son appétit, et, qui sait, peut-être le goût de l'aventure l'entraînent, chaque printemps, vers la mer ; mais, s'il ne grandit et n'atteint son plein développement qu'en eau salée, il ne se reproduit qu'en eau douce, et, pour aimer, revient aux rivières natales ; pour aimer, et, le plus souvent, pour mourir, car c'est là, dans les méandres pacifiques, en avant des barrages dont il hésite à franchir l'obstacle, que le guettent la tirette ou le tramail du braconnier, le poisson artificiel ou la mouche en plume de faisan du sportsman.

Est-ce un miraculeux instinct prémonitoire qui le ramène aux affluents où il est né, dans les eaux qui se prêtent le mieux, de par leur composition chimique, à l'éclosion de sa future descendance ? On l'affirmait naguère, et notre goût du merveilleux s'accommodait de cette explication. Mais, nous le savons aujourd'hui : s'il change d'habitat et quitte, à un moment donné, l'océan, c'est que son activité respiratoire, qui s'exalte à l'approche de la saison des amours, l'incite irrésistiblement à rechercher des eaux plus aérées, plus riches en oxygène que les eaux marines. Son instinct *prétendu se réduit donc, somme toute, à un* besoin. *Constatation révélatrice, d'où, si l'on parvenait à la généraliser, découleraient, dans l'ordre biologique, voire même philosophique, d'importantes conséquences, et que Descartes, si elle eût été faite de son temps, n'eût pas manqué d'utiliser à l'appui de sa théorie de l'automatisme animal...*

Mais quel lièvre ai-je levé là, et qu'avais-je besoin de me hausser à d'ambitieuses considérations? Plus avisé que moi, vous ne vous exposez pas, mon cher ami, à ce que l'on vous jette à la tête un humiliant : ne, sutor, ultra crepidam. *Et cependant votre étude, féconde en aperçus de tout genre, satisfait aux curiosités les plus diverses. Aussi sera-t-elle, je vous le prédis, ce que, dans votre* Avant-Propos, *vous souhaitez qu'elle devienne : le bréviaire local des promeneurs, des pêcheurs et des gourmands : encore oubliez-vous les amoureux, à qui pourtant vous désignez, d'un doigt discret, le sentier qui mène à « Brin d'Amour ». C'est au nom de tous ces « fervents de la Bajasse », au nom de la petite patrie dont vous ressuscitez le passé et dont vous célébrez le présent, que je vous félicite et vous remercie.*

Maxime de Montmorand.

LA PÊCHE DU SAUMON DANS L'ALLIER

A LA BAJASSE, PRÈS BRIOUDE

AVANT-PROPOS

Allons à la Bajasse ! Tel est le mot d'ordre à Brioude le dimanche, quand il fait beau. Les promeneurs se le redisent, puis ils se mettent en route. Rares sont ceux qui, tout en cheminant, s'avisent qu'ils vont sur les pas des pèlerins du Moyen Age. On surprendrait nombre de Brivadois en les avertissant, en outre, que le lieu dit « la Bajasse », où l'on va voir une pêcherie de saumon. fut jadis un point de rendez-vous pour la noblesse du pays, un coin réputé, choisi par le Chapitre pour l'établissement d'un pavillon de pêche. La « Tonne » capitulaire, située par les feudistes sur de vieux plans, est aujourd'hui disparue. Il reste à la place qu'elle occupa de la fraîcheur et des arbres, de la verdure et de l'abandon, et, par quelque hasard étrange, le nom mignard de « Brin d'Amour ».

Faire deux doigts de cour en cet aimable endroit à la Muse de l'Histoire, c'est ce que nous allons tenter. La présente étude souhaiterait d'être un bréviaire manuel pour les fervents de la Bajasse : promeneurs, pêcheurs et gourmands. Pour ceux-ci d'abord ! Comme on le verra, les détails abondent dans tout ce qui va suivre sur les usages épulaires d'autrefois. La première partie toute entière est un répertoire de modes culinaires pour saumon et de références gastronomiques. Mais les curieux trouveront des renseignements inédits sur l'existence des Comtes de Brioude. Leur « vie au grand air » séduira les pêcheurs pour lesquels sont étudiées les récentes habitudes du saumon dans l'Allier et les coutumes locales de pêche et de braconnage. Enfin, pour les érudits, le morceau principal sera l'histoire de la digue, construite en 1312 à la Bajasse pour alimenter les moulins banaux. Cette digue ou pellière est, en effet, la base de départ et le soutien de tout mon travail. C'est elle qui de tout temps a rassemblé et maintenu les saumons en humeur de remontée. Elle qui attira les chanoines pêcheurs du XIVe siècle et les sportsmen étrangers du XXe. Son importance est bien apparue, quand, le 7 janvier 1918, elle vint à s'effondrer... Brioude se désola. Les saumons, ne trouvant plus d'obstacle, filaient sur Langeac et Langogne... Adieu sport, commerce, braconnage. Le mal était sans remède. Les ouvriers, l'auteur même de ces lignes, faisaient et refaisaient ailleurs d'autres « barrages ».

Trois ans ont passé. Chacun a repris sa besogne. Les maçons, déjà, ont rétabli la « pellière » (1). Et moi, je viens pour la dernière fois témoigner dans le long débat de la rivière avec la digue. On trouvera mes nouvelles observations tout à la fin de cet écrit. Elles forment un court *post-scriptum* aux pages déjà vieilles qui vont suivre. Celles-ci, dont M. Paul le Blanc fut l'initiateur, furent écrites dès 1917. Ce fut à ce moment que je quittai le savant bibliophile pour ne plus le revoir, sinon en pensée, et, tel que mon souvenir le représente encore : avec sa longue houppelande grise, ses besicles bleues posées de travers sur le nez et ses longs cheveux blancs, vénérables, qui frolaient le col mou de sa chemise. En mémoire de mon vieil ami j'ai conservé intact l'agencement primitif de ce travail et sa division en deux parties, lesquelles d'ailleurs, et pas plus l'une que l'autre, ne prétendent être définitives. Je les comparerais chacune à ces paniers où les dames serrent les échevaux dont elles font leur tapisserie. Si la teinte saumon domine dans mes paniers, elle n'en exclut pas les autres. L'ensemble est-il harmonieux : c'est ce dont le lecteur va juger (2).

(1) La digue occupe toujours l'emplacement indiqué sur le plan ci-contre, qui fut levé spécialement pour cette étude par les soins de M. Mamet. Le lecteur sera comme moi reconnaissant envers l'habile topographe que je remercie bien vivement de son inépuisable obligeance.

(2) Chateaubriand rapporte l'anecdote suivante dans les *Mémoires d'Outre Tombe* (Édition Biré. T. II, p. 475) :

« Monsieur Hénin, ancien commis des Affaires Étrangères, et ennuyeux comme un protocole, barbouillait de gros romans. Il lisait un jour à Mme de Coislin une description : « une amante en larmes et abandonnée pêchait mélancoliquement un *saumon* ». Madame de Coislin qui s'impatientait et n'aimait pas le saumon lui dit de cet air sérieux qui la rendait si comique :

« Monsieur Hénin, ne pourriez-vous faire prendre un autre poisson à cette dame? »

Dieu veuille que mes lecteurs ne fassent pas de semblables réflexions !

CHAPITRE PREMIER

Ancienne renommée du saumon. — Le saumon à Paris au Moyen Age. — Cuisine du XIVe siècle. — Repas d'autrefois. — Opinions médicales curieuses. — Place du saumon dans la gastronomie moderne. — Les conserves. — Le meilleur saumon.

Le saumon, disent les Naturalistes, appartient à la famille des *salmonides*; famille illustre, s'il faut en croire un savant auteur, et dont les membres seraient appelés : « sur les marchés, les *poissons fins* et dans un certain monde *les poissons nobles* ». J'emprunte cette citation au très moderne ouvrage de M. Blanchard, sur *Les Poissons d'eau douce de la France* (1), avec une autre que voici : . . . . « Si nous étions au XVIIIe siècle où l'on appelait encore avec une certaine emphase, le lion le Roi des animaux, il faudrait appeler le saumon le Roi des poissons d'eau douce (2). »

Ici, peut-être l'auteur ne s'est-il placé qu'au point de vue de l'Histoire Naturelle. Mais je veux démontrer — et c'est là le but de ce chapitre — que le titre de « Roi des poissons d'eau douce » revient sans conteste, et de l'aveu de tous les gastronomes, au saumon !

Une objection s'élève pourtant contre la légitimité de ce titre ; une seule, dont il sera fait justice. Cette objection est formulée en ces termes par *Une vieille maîtresse de maison*. « On a cru ennoblir la truite en l'appelant le saumon d'eau douce; à notre avis on l'a fait déroger; elle a le goût autrement fin, la chair autrement

(1) *Les Poissons d'eau douce de la France*, par Émile Blanchard, membre de l'Institut. Paris, Baillière et fils, 1866, grand in-8°, p. 422.

(2) *Id.*, p. 448.

délicate que le saumon : elle n'est ni huileuse ni lourde comme lui, et elle se prête à bien d'autres accommodements (1) ».

Cette phrase me semble conçue dans le plus mauvais esprit d'indépendance. J'y vois la marque d'un estomac faible (2) et d'un sens culinaire médiocre.

Peut-être l'auteur avait-il en mémoire, quand il écrivit, le trépas glorieux du docteur Gastaldy, ce gourmand illustre, mort (3) au champ d'honneur, vers le début du siècle dernier, pour avoir trop mangé d'un saumon froid.

Mais comment apprécier alors l'objet de cette passion, funeste sans doute, mais si puissante ? La réponse est unanime de tous ceux qui depuis l'antiquité ont pu goûter au « poisson roi ». Pline est le premier Européen, — mes recherches ne se sont pas étendues jusqu'à l'Asie (4) — qui nous ait transmis une opinion sur ce point. Les

(1) *Menus propos sur la cuisine Comtoise*, par une vieille maîtresse de maison. Paris, Just-Poisson, 1907, in-16, p. 56.

(2) Plusieurs fois au cours de cette étude on retrouvera le reproche fait au saumon d'être indigeste. Il ne l'est pas cependant au point qu'il faille l'accompagner de la *morelle des Antropophages* (a), cette plante dont les cannibales assaisonnent la chair fort pesante, paraît-il, de leurs ennemis tués.

(3) « Mort d'indigestion à un dîner chez l'archevêque de Paris, Mgr de Belloy (b) après être retourné jusqu'à trois reprises à un excellent saumon dont le hasard l'avait fait le voisin, malgré les paternelles représentations du prélat qui se vit forcé de faire enlever le funeste objet de ses convoitises, mais trop tard, car le docteur expirait deux jours après. » *L'Almanach Gourmand* (de Grimod de la Reynière) IVe année (1806), p. 293-304.

Ajoutons que la Ve Année du même almanach fut dédiée : « Aux mânes du Dr Gastaldy, mort au champ d'honneur. ».

(4) Voici cependant ce que j'ai lu dans le *Dictionnaire raisonné universel d'Histoire naturelle* par M. Valmont-Bomare « voyageur et démonstrateur d'Histoire naturelle, avoué du gouvernement, ancien censeur royal, directeur des cabinets d'Histoire naturelle, de physique, etc. de S. A. S. Mgr le prince de Condé, etc.. » (4e Edition. Tome XIII. A Lyon, chez Bruyset frères, M.D.CC.XCI). *Verbo* Saumon : (page 27) « .. Les Princes de l'Asie qui aiment la pêche avec passion font mettre de petites chaînes d'or ou d'argent aux poissons extraordinaires qu'ils prennent, pour voir si ces poissons, remis dans l'eau, viendront encore se prendre à leurs filets. Et il arrive souvent qu'une pareille curiosité leur réussit. On assure même que c'est par des poissons ainsi marqués qu'on a reconnu la communication de la mer Caspienne avec la mer Noire et même avec le golfe de Perse ».

(a) Cf. pour la *morelle des Antropophages*. Paillieux et Bois. *Le potager d'un curieux*. Paris. Librairie de la maison rustique, 26, rue Jacob, 1885, in-8°, p. 180.

(b) « Mgr de Belloy, archevêque de Paris, qui a vécu près d'un siècle, avait un appétit assez prononcé. Il aimait la bonne chère et j'ai vu plusieurs fois sa figure patriarcale s'animer à l'arrivée d'un morceau distingué. » — Brillat-Savarin, *Physiologie du Goût*. Médit. XVI.

naturalistes grecs, en effet, riverains de la Méditerranée, n'avaient pas connu le saumon, étranger à cette mer et aux fleuves qui s'y déversent. Pline se documenta au cours d'un voyage qu'il fit dans le bassin de la Garonne :

« Pline, écrit Legrand d'Aussy (1), dit que les rivières de la Gaule abondaient en saumons, et que les Aquitains préféraient ce poisson à tous les autres poissons de mer ».

Ausone, le poète Bordelais, se garde aussi de l'oublier :

Nec te puniceo rutilantem viscere Salmo
Transierim . . .

écrit-il. Et il continue par un éloge. Éloge d'autant plus flatteur que l'alose, recherchée à cette époque, est qualifiée par lui d'aliment réservé au bas peuple « *Opsonia plebis alosa.* » Ce dédain avait déjà frappé Legrand d'Aussy : « Voilà, ajoute cet auteur (2), un exemple bien frappant des changements arrivés dans l'opinion et dans le goût. Depuis ce changement l'opinion n'a plus varié sur l'alose et ce poisson a été regardé jusqu'à nos jours comme un des meilleurs.

Lorsqu'en 1432 le célèbre comte de Dunois prit la ville de Chartres, ce fut à la faveur d'un prétendu convoi que l'on disait rempli d'aloses (Villaret, *Histoire de France*, t. XV, p. 112). Enfin, au rapport de Champier (3), l'alose était réservée pour la table des grands ». Cette citation ne me paraît pas indifférente : l'alose est un compagnon de route du saumon (4), et les vicissitudes de celle-là rendent plus remarquable la fortune toujours égale de celui-ci. De nos jours, l'alose semble bien être retombée dans le mépris où la tenaient nos ancêtres les Gaulois. Cependant ce poisson ne manquerait pas de délicatesse si nous en croyons Rondelet (5).

(1) *Histoire de la vie privée des Français*. Paris, Simonet, 1813, in-8°, t. II, p. 135.

(2) *Id.*, p. 135.

(3) Symphorien Champier, *De re cibaria*.

(4) Je n'ai pas cru nécessaire de donner ici un aperçu des mœurs du saumon. Tout le monde connaît les habitudes de ce poisson migrateur qui, comme l'alose et l'esturgeon, vit dans l'océan et remonte dans les eaux douces, où on le pêche, pour frayer. On trouvera d'ailleurs vers la fin de cette étude des données assez précises sur la vie nomade du saumon dans l'Allier.

(5) *Histoire des Poissons*, 1558, in-fol.

« Guillaume Rondelet né à Montpellier le 27 septembre 1507 professa avec éclat la médecine dans cette ville. Il mourut à Réalmont dans l'Albigeois le 18 juillet 1566

Ce médecin célèbre au XVIe siècle, rapporte en effet qu'il a vu, étant à Pont-du-Château, une pêche où les aloses étaient attirées dans la nasse à l'aide d'une flûte.

Peut-être devrais-je ici nommer l'esturgeon, autre compagnon de voyage du saumon, fréquent surtout dans les fleuves russes. Je ne parlerai que du caviar, mets recherché des amphytrions fastueux et qui, comme chacun sait, se fabrique avec ses œufs. L'esturgeon est peu familier des cuisines françaises. Il n'est presque pas question de lui dans notre littérature gastronomique, où j'ai voulu relever exactement les nombreuses pièces honorables du saumon gourmand à travers les âges.

* * *

Chose curieuse, il n'existe aucun ouvrage d'aucune époque qui soit spécial à notre matière — ou du moins je n'en ai pas trouvé mention dans l'importante *Bibliographie gastronomique* (1), de M. Georges Vicaire. Il est navrant de le constater : le saumon « *roi des poissons* » n'a pas de généalogie gastronomique constituée alors que huîtres, bartavelles, grenouilles (2), escargots, etc., ont été célébrées et reliées en veau ; que le melon et le fromage ont trouvé dans Saint-Amand un chantre abondant et débordant de verve. Hélas! je ne puis prétendre à combler cette lacune : du moins m'efforcerai-je d'y remédier.

Fouillons les Bibliothèques. Prenons le premier en date des livres français traitant de la cuisine. C'est le *Viandier de Taillevent* (3). Guillaume Forel dit Taillevent, *Enfant de cuisine de la reine Jehanne d'Evreux, queu du roi Philippe de Valois et du duc de Normandie, Dauphin de Viennois, premier queu et sergent d'armes de Charles V, Maistre des garnisons de cuisine de Charles VI*

pour avoir trop mangé de figues. » *Dictionnaire historique* de Ladvocat. Paris, Ledoux, 1822, in-8°.

(1) Paris, Rouquette, 1890, in-8 de 971 pages.

(2) A ce propos j'indique comme curiosité bibliographique une mince brochurette de 7 pages in-8° consacrée aux grenouilles et que l'on trouvait à Paris chez Gueffier, libraire-imprimeur, au bas de la rue de la Harpe. A la liberté, M.DCCC.LXXIX. L'exemplaire que j'eus en main provenait de la Bibliothèque Huzard.

(3) Paris, Techener, M.DCCC.XCII. (Edition de la *Société des Bibliophiles François*, publiée sous la direction de M. le baron Pichon).

(1326-1395), Taillevent nous mène d'abord parmi les *Poissons de mer ront* (1).

Ici, il faut ouvrir une parenthèse. J'ai présenté le saumon comme un poisson d'eau douce. On peut s'étonner maintenant de le trouver *poisson de mer* : on le qualifiait ainsi au Moyen Age. Il ne faut pas s'en étonner. Le saumon, personne ne l'ignore, est suivant les saisons et les phases de son développement, tantôt poisson de mer, tantôt poisson d'eau douce. Et si cette dernière qualification lui est seule de nos jours attribuée, c'est sans doute parce qu'il prend naissance dans les eaux douces. Ce détail n'était pas connu au Moyen-Age. L'histoire naturelle du saumon est toute récente. Et nos bons ancêtres jugeaient, suivant les apparences, que ce poisson était de mer et ne remontait dans les fleuves que par une singularité de sa nature : « *Quia opium facit dormire? — Quia habet virtutem dormitivam* », disaient les médecins de Molière.

Les Parisiens, dont Taillevent, avaient peut-être une autre raison, d'ordre pratique celle-ci, de ranger le saumon parmi les poissons de mer. C'est que les saumons consommés dans la capitale, à cette époque, venaient en majeure partie des rivières côtières de Normandie et de Bretagne, et arrivaient avec des chargements de poissons de mer, ceux-ci réellement pêchés en mer. Les *Ordonnances générales sur les métiers de l'Alimentation* (2) sont explicites à ce sujet. Leur titre XII, *Marchands et vendeurs de poissons de mer*, I, porte :

« Item, que tous les marcheans et *voituriez de la mer* qui amerront *saumons ou autres poissons de mer* les amènent sans fraude tout droit es hales au lieu accoutumé sans aucun d'iceux descendre en nul hostel ne ailleurs, et qui fera le contraire qu'il perde les denrées, et, se ainsi estoit que lesdiz *saumons* ou autres poissons ou harengs ne peussent être vendus en la jornée qu'ils vendront, qu'ils soient mis en la garde des Hales et non ailleurs, sur la peine dessus dite ».

(1) Cf. p. 217.

(2) *Histoire générale de Paris.* Les métiers et corporations de la ville de Paris, I (XIVe-XVIIIe siècles). Ordonnances générales. Métiers de l'alimentation par René de Lespinasse, ancien élève de l'École des Chartes. Impr. nationale, M.DCCC.LXXXVI, grand in-4°, p. 410. Alin. 6.

On remarquera dans ce texte que le saumon est toujours nommément désigné à côté des autres poissons de mer. Ce fait est caractéristique de l'importance spéciale qu'on lui attribuait. Importance telle que, selon toute vraisemblance, il existait à Paris un *saumonoir*, un aquarium spécial pour les saumons, depuis le début du XIVe siècle. Voici en effet ce qu'on peut lire dans une étude de M. Fernand Bournon sur *l'Hôtel Royal de Saint-Pol* (1), (p. 105).

« Il nous reste à dire un mot des poissons qui dès 1362 avaient été installés à Saint-Pol. On a vu, plus haut mentionné, le préau du Sauvoir; tel était en effet le nom des aquariums du XIVe siècle... Ce devait être un vaste bassin de forme ronde, entouré d'une sorte de balustrade à hauteur d'appui. Quant au lion de pierre que Jean de Saint-Romain avait taillé et peint, et qui avait été mis au sauvoir de Saint-Pol, on doit supposer qu'il occupait le centre du bassin......

« Le texte de Menaut (Manuscrit de l'Arsenal. Maçonnerie par Saint-Pol) porte une seule fois *saumonoir* alors qu'on lit partout ailleurs *sauvoir*. Faut-il y voir une faute de lecture ou une distraction, ou au contraire doit-on penser que le sauvoir de Saint-Pol contenait des saumons? Nous admettrions plus volontiers cette seconde hypothèse. En effet, bien qu'au premier abord on admette difficilement la présence de saumons à Paris, nous avons des preuves qu'au XIVe siècle on pouvait s'en procurer facilement.

« Le *Ménagier de Paris* (2) prescrit la façon de l'accommoder : « Saumon frais soit bacconé (fumé) et gardez l'eschine pour rôtir, puis, etc., etc... ». Legrand d'Aussy, dans sa précieuse *Histoire de la vie privée des Français* (3), cite un recueil de proverbes du XIIIe siècle mentionnant les « saumons de Loire »; plus loin (p. 81) il rappelle une ordonnance du roi Jean de 1350 où il est fait mention de « saumons de porpris, de chiens de mer et de marsouins ». On trouve aussi dans le *Traité de Police* de Dela-

(1) Cf. *Mémoires de la Société de l'Histoire de Paris et de l'Ile de France*. T. V (1879).

(2) Traité de morale et d'économie domestique composé vers 1393 par un bourgeois parisien. (Edité par la Société des Bibliophiles Français, sous la direction de M. le baron Pichon). Paris, de l'imprimerie de Crapelet, 9, rue de Vaugirard, M.DCCC.XLVI, in-8°. T. II, p. 198.

(3) Ouvr. cité.

marre (t. I, p. 606), en même temps que cette ordonnance de 1350, quelques textes relatifs à la vente du poisson de mer à Paris. »

Les arguments de M. Bournon me semblent péremptoires. Je crois trouver une confirmation dans une ordonnance de police du 24 juillet 1504, *concernant la vente du poisson de mer* (1) où l'on peut lire ceci :

« Item, que le saulmon et le pourpris, a présent appelé marsouin, ne pourra estre gardé que deux jours, à compter le jour qu'il sera arrivé à Paris, de la Saint-Remi jusques à Paques ». Il s'agit bien évidemment ici de saumon frais.

Le saumon salé était susceptible d'une plus longue conservation. Il pouvait même supporter le voyage de Strasbourg à Paris. Legrand d'Aussy nous en informe :

« Paris, écrit-il (2), était déjà au XVIe siècle tributaire de l'Alsace pour le saumon. Selon Charles Estienne (*De re cibaria*) le saumon de Strasbourg était le plus estimé. Mais la longueur du trajet ne permettait pas aux Parisiens de l'avoir frais : ils n'en mangeaient que de salés. »

*
* *

C'est ainsi que, dès le Moyen Age, la cuisine, l'art culinaire dut s'appliquer à la fois au saumon frais et au saumon salé. Il y eut deux méthodes, comme Taillevent l'indique dans son *Viandier* (3).

« Saumon frez baconné (fumé) et gardez l'échine pour rostir puis le dépeciez par dalles et soit cuit en eaue et du sel au cuire et soit mengié au poivre jaunet ou à la cameline et le mettent aucuns ressuyer sur le grail, au mengier et en pasté qui voult, pouldré d'espice et soit mengié à la cameline (4).

« Et s'il est salé soit cuit en eaue, sans sel, et mengié au vin et à la ciboule miciée ».

(1) Ordonnances générales, Métiers de l'Alimentation par R. de Lespinasse. Ouvr. cité, p. 421. Titre XII-VIII.

(2) Ouvr. cité, t. II, p. 136.

(3) Ouvr. cité, p. 245.

(4) « Plante annuelle dont la graine donne une huile utilisée souvent à la place de l'huile de navettes dans les assaisonnements », *Dictionnaire de Trévoux*.

Ces recettes faisaient autorité en leur temps. On les trouve presque textuellement transcrites dans le *Ménagier de Paris* dont l'auteur, inconnu, était presque le contemporain de Taillevent, comme l'a établi M. le baron Pichon. Dans l'extrait reproduit plus haut de la notice de M. Bournon, le texte du *Ménagier* (1) est indiqué par ses premiers mots. Voici ce texte en entier :

« Saumon frais soit baconné et gardez l'eschine pour rostir puis despeçiez par dalles cuites en eaue et du vin et du sel au cuire, mengié au poivre jaunet ou à la cameline et en pasté qui veult pouldré d'espiçe ; et se le saumon est salé soit mengié au vin et à la ciboule par roüelles ».

On remarque déjà, dans cette transcription du *Ménagier*, un perfectionnement du court bouillon par adjonction de vin à l'eau salée. Cependant il y a loin de là aux pratiques modernes. Pourquoi par exemple le saumon frais devait il être fumé avant que d'être rôti ou bouilli ? Je pense que le fumage était destiné à permettre la conservation des parties du saumon qui n'auraient pas été accomodées de suite. Le contexte rend cette explication probable. Mais alors, on est conduit à admettre que la vente du saumon au détail n'était pas courante à cette époque. Il n'y a là rien de surprenant, si l'on songe à l'importance des repas d'autrefois, et aux approvisionements qu'ils nécessitaient.

Voyons plutôt ces menus tirés du *Ménagier* (2) :

Premier mets. — Pois coulés, harenc, anguilles salées, civé d'œstres (huitres) noires, un brouet d'amandes, tieule, un bouli de brochets et d'anguilles, une cretonnée, un brouet vert d'anguilles pastés d'argent.

Second mets. — Poisson de mer, poisson doulx, *pastés* de bresmes et de *saumons*, anguilles renversées, une arboulastre brune, tanches à un bouli lardé, un blanc mengier, crespes, lettues, losenges, orillettes et pastés norrois, lux et *saumons farcis*.

Tiers mets. — Fromentée, venoison, doreures de pommeaulx et de pés d'Espaigne et de chastellier, rost de poisson, gelée, lamproies, congres et turbots à la sauce verte, bresmes au vert jus, leschefrites, darioles et l'entremets grand.

(1) Voyez p. 8, note (2).
(2) *Ouvr. cité*, t. II, p. 96 (X. Austre dîner de char).

L'imagination s'effare devant ces énumérations. Il n'est pas facile d'établir une comparaison entre l'ordonnance massive de ces expositions de victuailles et nos menus modernes. Beaucoup de plats sont désignés, ci-dessus, par des mots qui n'éveillent dans notre esprit que des idées incertaines. Quoi qu'ils mangeassent, il est certain que nos aïeux mangeaient beaucoup...

*
* *

A côté du saumon, ils prisaient fort le saumoneau ou jeune saumon, longtemps considéré comme distinct du saumon adulte. Dans son étude, très approfondie et très documentée, sur *l'Ancienne Alsace à table* (1), M. Gérard nous apprend que :

« Ces salmonides ont joui très anciennement d'une excellente renommée :

« Le physicien-médecin Rœsslin (2) dit que c'était une friandise convoitée par les bouches délicates. Une vieille chronique éditée par Schilter (3) prend soin de nous apprendre que les saumoneaux furent très chers en 1505, et qu'on les vendit à 1 pfund et 8 schillings strasbourgeois le cent ».

C'est qu'en effet personne n'était plus gourmand qu'un Strasbourgeois. La nature favorisait son penchant. On a déjà vu de quelle renommée jouissait, à Paris, le saumon de Strasbourg : l'Alsace mettait ce poisson au dessus de tout :

« Une judicieuse déférence, écrit M. Gérard (4), je pourrais dire l'hommage public, avait, de toute ancienneté, assuré la suprématie, sur toutes les espèces de poissons nomades, au saumon. *Il méritait le premier rang et il l'a conservé.* Rœsslin l'appelle le plus noble de tous les poissons *de l'Allemagne.* Il abondait au printemps sous le nom de saumon (Salmen), et, dans l'automne,

(1) L'*Ancienne Alsace à table.* Etude historique et archéologique sur l'alimentation, les mœurs et les usages épulaires de l'ancienne province d'Alsace, par Charles Gérard, avocat à la cour d'appel de Nancy. Paris, Berger-Levrault, 1877, grand in-8°, p. 52.

(2) Rœsslin, *Das Wasgauische Gebirge*, p. 3 (note de l'auteur).

(3) Kœnigshoven, *Schilter Chronick*, p. 367 (n. de l'aut.).

(4) L'*Ancienne Alsace*, ouvr. cité, p. 54.

sous celui de bécard (Lachs) (1). Autrefois les pêcheurs de Strasbourg avaient fait de cette ville comme une espèce de marché privilégié pour la vente de ce poisson, qui se vendait depuis Lauffenbourg jusqu'à Phillipsbourg. Sa taille et son poids sont variables, mais nos écrivains rapportent que l'on en voyait qui pesaient 50 livres (2). En 1277 on en prit un à Bâle qui avait 7 pieds de long (3). En 1647, année singulièrement propice à la pêche du saumon, le prix variait de 4 à 6 pfennigs (4). A la fin du xviiie, il était de 2 fr. à 2 fr. 50. A un chapitre général de l'ordre des Dominicains, qui fut tenu à Bâle en 1543, ces sévères gardiens de l'orthodoxie éprouvèrent un si vif besoin de voir figurer à l'un de leurs dîners un saumon, qu'ils n'hésitèrent pas à le payer un prix qui représentait la valeur de quinze sacs de seigle » (5).

On voit ailleurs que l'évêque de Paris servit 50 livres de baleine à Elisabeth d'Autriche, le 29 mars 1571, avec 1000 grenouilles (6) et du saumon, entre autres choses (7).

Dans la relation d'un dîner d'apparat — offert en 1548 par la ville de Lyon aux envoyés des cantons suisses — l'énumération des plats comprend sous la rubrique « poissons de mer » : « Lamproies, tortues, soles, saumons ». Et ici M. Vial (8) qui a exhumé ce compte rendu des archives lyonnaises, fait, en note, les remarques suivantes :

« En 1504 la ville (de Lyon) paye six saumons 18 écus couronnés

(1) Le *bécard* est le saumon mâle *Rostro aduncioris Salmo* (Linné). Après le frai, vers l'automne il pousse au saumon mâle une excroissance sur la mâchoire inférieure : d'où ce nom. Nous aurons à revenir sur cette définition.

(2) Graffenauer, *Topographie de Strasbourg*, p. 87 (note de l'aut.).

(3) *Chronique des Dominicains de Colmar*. Edition de 1854, p. 63 (note de l'aut.).

(4) *Baldner grosse Fischbuch* (note de l'aut.).

(5) Wurtisen, *Basler Chronick*, Basel 1580. in-fol. p. 434 (note de l'aut.).

(6) C'est ici l'occasion de rappeler le proverbe : « Mille grenouilles ne valent pas un saumon ». A ce propos, cf. *Intermédiaire des chercheurs et des curieux*, XII, 6-60.

(7) La baleine est comestible. Selon Ambroise Paré, « la chair n'en est estimée, mais la langue pour ce qu'elle est molle et délicieuse. On la sale... »

(8) Institutions et coutumes Lyonnaises, III. *Un dîner maigre en 1548*, par E. Vial, Lyon. Librairie ancienne de Louis Brun. 1904, in-8°, p. 120.

Par l'ordre de Henri II la ville de Lyon offrit ce « dîner maigre », car on était en Carême, aux envoyés des cantons Suisses traversant Lyon pour se rendre à l'invitation du Roi, qui les avait priés pour être parrains de son septième enfant (Claude de France, fille de Marie de Médicis, mariée plus tard à Charles III, duc de Lorraine).

(CC, 1565, n° 6). En 1507 un saumon, offert au chancelier, coûte 3 écus couronnés à 35 sols l'écu soit 5 livres, 5 sols (CC, 576, n° 19); en 1509 on envoie un pâtissier « sur l'escluse de la rivière de Loire sercher des saulmons » (1), pour les seigneurs de l'hôtel du Roi, (CC, 590, n° VII) ».

Ces prix peuvent être comparés à celui du saumon qui parut sur la table des échevins de Lyon.

On trouve en effet mentioné dans le « compte du diner » (2) :

Pour ung gros saulmon fraiz. . . . . 2 l. 2 s.

Et un peu plus loin dans ce même compte :

« Parties de pâtisserie payées à Jehan de la Landre pour sa façon :

Pour six pastés de saulmons. . . . . 18 s.

Ceci nous fixe sur la façon dont fut accommodé le saumon servi à ce dîner. Cette façon fut identique pour tous les autres poissons, car le compte donne les prix, payés à Jean de la Landre, pour « six pastés d'anguilles, six pastés de carpes hachées » et même « six pastés de grenouille ».

Les pâtés de poisson étaient en vogue dans ce temps-là. Il en était déjà question dans le *Viandier* de Taillevent. De nos jours les pâtés de saumon prennent rang parmi les délicates gourmandises. Mais ils figurent peu dans les diners officiels où l'on sert, en

(1) Peut être s'agit-il ici de saumons pris dans des *avaloirs*, ou pièges à saumon, analogues à ceux dont parle Alléon Dulac, qui se trouvaient précisément sur la Loire, et dont il sera question plus loin. Cf. ch. II.

(2) Vial, *ouv. cit.*, pièce justificative, p. 216.

Un peu plus tard, lorsque le duc de Mayenne partit de Lyon, le 23 août 1580, allant, sur l'ordre du Roi, rétablir l'ordre en Dauphiné, des conventions (*a*) furent passées, pour la fourniture de sa table, entre lui et « honorable personne Jehan Flornays marchand vivandier suivant la cour ». Ces conventions portaient sur le tarif des comestibles que Flornays s'engageait à fournir. J'y relève les prix suivants :

	livres	sols	deniers
Grans saulmons frais de deux pieds et au dessus	6	»	»
Moyens saulmons de pied demy quatre doigts...	»	110	»
Petit saulmon de pied et demi....................	3	10	»
Dernes (tranches) de saulmont fraiz raisonnable..	»	20	»

Ces prix, minutieusement établis, peuvent paraître singulièrement élevés, mais les difficultés du ravitaillement en voyage peuvent en partie expliquer la hausse.

(*a*) Julien Baudrier. Conventions pour la fourniture de la table du duc de Mayenne. Lyon, Waltener, 1900, in-8° (Extrait de la *Revue du Lyonnais*).

général, le poisson entier, cuit au court bouillon et savamment dressé.

*
* *

Les modes culinaires ont pu changer, le Saumon n'en a pas moins conservé intacte sa réputation.

Abraham de la Framboisière (1), médecin du Roi, a porté sur lui le jugement du Grand Siècle !

Ce savant, d'abord, pose que « le Saulmon prend toujours naissance (2) dans l'Océan, mais se retire, au printemps, aux rivières qui coulent dedans ». Puis, passant aux considérations gastronomiques et médicales, il ajoute :

« Il a la chair tendre, grasse, douce, fort friande et excellente au goust, *en sorte qu'il est préféré à tous les autres poissons par sa délicatesse*. Si n'est-il pas pourtant le plus salubre, principalement aux malades, d'autant plus que sa nourriture est plus fascheuse à digérer que n'est celle des poissons saxatiles, suivant l'opinion de Gessner (3). Il est beaucoup meilleur frais que salé, encore qu'il ne soit pas mauvais nouveau salé ».

(1) Les œuvres de N. Abraham de la Framboisière, Médecin du Roi. Où sont méthodiquement exposés, l'Histoire du monde, la Médecine, la Chirurgie et la Pharmacie, pour la conservation de la santé et la guérison des maladies internes et externes. Avec les Arts libéraux par le moyen desquels on acquiert les grâces de bien dire et d'heureusement vivre. Dernière édition revue et augmentée d'un VIIIe tome. A Lyon, chez Jean-Antoine Huguetan, Rue Mercière. A la Sphère, MDCXLIV, in-fol., page 76.

(2) Il est bon de rapprocher ce passage des dires d'un certain Beaujeu rapportés par Legrand d'Aussy (*a*) bien plus tard. Beaujeu parle en effet de saumons de la Méditerranée et ne semble pas s'être servi des données très nettes que La Framboisière eut à sa disposition.

(3) Conrad Gessner (1516-1565) né à Zürich, fut surnommé le « Pline de l'Allemagne ». Après avoir appris, puis enseigné la philosophie dans son pays, il vint étudier la médecine à Montpellier, et prit le bonnet de Docteur à Bâle, en 1540, pour ensuite rentrer à Zurich où, jusqu'à sa mort, il enseigna.

Ce savant eut une prédilection marquée pour la Botanique et la Zoologie. Il fit, entre autres, un voyage à Strasbourg, pour connaître les poissons du Rhin.

On a de lui des *Historiæ Animalium* en cinq Tomes dont je cite le « *Liber quartus, qui est de Piscium et Aquatilium* ». (Tiguri, 1558, in-fol.) : « Il s'est fort étendu sur cette matière qu'il a enrichie de dessins de *Rondelet*, de *Belon* et d'un petit nombre de ceux de *Salvianus*, mais d'un plus grand nombre qui lui sont propres, car il est le

(*a*) Histoire de la vie privée des Français. Ouv. cité. T. II, p. 135.

Il n'y a rien dans tout ce passage qui ne soit très exact. Je me demande cependant si le saumon nouveau salé était bien excellent. Le procédé de conservation par salaison est tombé en désuétude, heureusement sans doute. J'aurai l'occasion de revenir sur ce point, plus tard, à propos du saumon de conserve.

Il convient de noter ici que l'époque où écrivit La Framboisière, paraît avoir été particulièrement propice à la pêche du saumon. M. Charles Gérard (1) nous dit que, d'après Rœsslin (2) : « En 1647 on exposa en vente à Strasbourg, en un seul jour, 143 saumons », ce qui semble être un record pour cet important marché. Sans doute l'ichtyologie bénéficia-t-elle de ces pêches miraculeuses. Et l'on peut expliquer ainsi la documentation si précise de notre auteur.

D'ailleurs, en ce siècle fortuné, médecins et naturalistes n'étaient point seuls à traiter du saumon. A leur point de vue, les philologues s'en mêlaient aussi.

On lit dans le *Parallèle des langues Française et Latine* du P. Monnet, édition de 1641 (3), *verbo* Saumon :

« SAUMON. *Poisson de l'océan, de lac, de rivière;* hic salmo-onis. *Fros et vieil saumon.* Grandior salmo. Major salmo. Majoris modi salmo. *Saumon médiocre et plus jeune que le précédent, Tacon* : Hic Fario-onis, hic Sario-onis. Salmo medius. Medii modi salmo. *Saumon de l'Océan sentant la marine, la marée* : Marinus salmo, Salsus salmo, Maritimus salmo. *Saumon de rivière, venu de l'Océan, radouci et engraissé dans l'eau douce* : Salmo fluviatilis, Salmo dulcis, Salmo fluviaticus advena, Salmo marinus fluviatilis incola. *Saumon né et nourri aux rivières (non venu de la mer), espèce de truite* : Hœc Trutta, Hœc Salmo trutta. Salmo indigena fluviatilis. *Saumon femele, beccard Saumon au mufle plus recourbé* : Salmo femina, Rostri aduncioris salmo *Saumon du lac Leman, Omble* : Salmo lemanius, Salmo lemanicus, Salmo lemani lacus, Salmo umbla ».

premier qui ait bien connu les poissons des lacs et des rivières de la Suisse ». Eloy, *Dictionnaire Historique de la Médecine*. A Mons, chez A. Hoyois, M.DCC.LXXVIII, in-4°. T. II.

(1) *L'Ancienne Alsace à table*. Ouv. cit. p. 49.

(2) Das Wasgauische Gebirge, p. 3 (Note de l'Auteur).

(3) Lyon, Guillaume Valfray, in-4°.

Il est fâcheux d'avoir à relever une erreur dans cette litanie, qui me semble rédigée dans un esprit louablement gastronomique. Je n'en veux pour preuve que la distinction entre le saumon nouveau venu de la mer, sentant la marée : *Marinus salmo*, et le saumon radouci et engraissé dans les rivières : *Salmo dulcis*. Mais le père Monnet confond le *bécard* et le *saumon femelle*, alors que seul peut être *bécard* le saumon mâle, *Salmo hamatus*, des naturalistes modernes (1).

Ceci dit, louons encore l'abondance du P. Monnet. On trouve bien dans le *Dictionnaire de Trévoux* (2) une dénomination latine du saumon : *Anchorago*, qui ne figure pas dans l'article cité du *Parallèle*. *Anchorago* est un terme de basse latinité. Rien d'étonnant à ce qu'on l'ait écarté d'un ouvrage didactique.

*
* *

La philologie était plus sûre en 1641 que l'Histoire Naturelle. On pourrait faire nombre de *distinguo* à propos du *Salmo trutta* par quoi le P. Monnet désigne sans doute la *Trutta Salmonea* ou truite saumonnée actuelle. Mais la ressemblance du saumon avec la truite, dans certaines phases de son développement, a causé, jusqu'à nos jours, bien d'autres méprises. Au XVIIIe siècle le médecin Louis Lemery, de l'Académie Royale des Sciences, dans son *Traité des Aliments* (3), après avoir fait venir *Salmo* de *Sale*, parce qu'on le sale, ou de *a saliendo*, parce qu'il saute — plaisantes étymologies comme on le voit — Lemery dis-je, n'est pas plus heureux avec le *Salmero seu Salmerinus a Salmone*, c'est-à-dire le saumoneau... ou, peut-être, la truite saumonnée, ou encore la truite du Léman... Il fait sur ce propos une grande dissertation, appelant son *Salmero* Saumon « parce qu'il a plusieurs ressemblances avec le saumon en plusieurs choses », puis s'avise presque aussitôt qu'il pourrait bien être différent.

(1) Cf. p. 12. Note (1).

(2) L'article du *Dictionnaire de Trévoux* commence ainsi : « SAUMON. Poisson de mer qu'on pêche dans les rivières. Quelques-uns l'appellent aussi en latin *anchorago* ».

(3) *Traité des Aliments*, par Louis Lemery, Docteur Régent en la faculté de Médecine de Paris, de l'Académie Royale des Sciences. 2e édition, Paris, Pierre-Vitte, MDCCIX, in-12, Chap. LIII, p. 383.

En fait Lemery ne semble pas très fixé sur ce point. Mais il traite doctoralement les questions relatives à l'alimentation. Voici les parties de son livre qui s'y rapportent (1). Je les reproduis sans y rien changer :

« *Choix* : Le saumon doit être choisi nouveau, bien nourri, assez gras, d'un âge moyen, d'une chair tendre, friable, rougeâtre et qui ait été pris dans une rivière pure et limpide. »

On pourrait parler ici de l'embarras du choix. Déterminer l'âge du saumon, savoir du poissonier la provenance exacte du poisson, autant de problèmes différents de nature et semblables par la difficulté. Mais la lecture de Lemery va nous encourager à les résoudre, car voici les effets du saumon :

« *Bons effets* : Il nourrit beaucoup, il fortifie, il restaure, il pousse par les urines, il est pectoral et résolutif.

Mauvais effets : Il se digère un peu difficilement et il pèse sur l'estomac, principalement quand il est trop vieux. »

Ces effets découlent sans doute de ces principes obscurs que je cite pour être complet avec les conseils qui les suivent :

« *Principes* : Il contient beaucoup d'huile et de sel volatil et médiocrement de phlegme.

« *Le Temps, l'Age et le Tempérament* : Il convient en tout temps, à toute sorte de tempérament, pourvu qu'on en use modérément. »

C'est le dernier mot de la sagesse et de la banalité. On n'en peut dire autant de ces vers saugrenus, que j'extrais de certains *Commentaires sur l'école de Salerne*, publiés en 1681 par Dufour de la Crespelière, Docteur en la Faculté de Montpellier (2).

« Addition à l'école de Salerne. Des parties du poisson les plus délicates et les plus nourissantes :

De la teste.

La teste de congre, de thon
De *saulmon* et tortue encore,
Méritent bien qu'on les dévore,
Et que gens les plus délicats
En fassent d'excellents repas,
Car cette partie est bien tendre.

(1) Id. p. 381.
(2) Paris-Gervais-Clouziers. MDCLXXXI, in-12, p. 210.

Des yeux.

Les yeux (1) *du salmon, qui sont gras,*
Ne sont pas mauvais au repas.

Du ventre et des intestins.

L'on tient que les ventres des thons,
Les gros intestins des saulmons,
Et menus boyaux de murennes,
Sont manger de rois et de reines ! »

Je n'ai trouvé nulle part ailleurs de semblables opinions en ce qui touche les yeux et les gros intestins de saumon, lesquels gros intestins sont, en réalité, minuscules. C'est plutôt la tête ou « hure » du saumon qui pourrait être qualifiée à juste titre de « manger de rois et de reines ».

Le « menu d'un souper de 16 couverts, servi le 3 septembre 1719 à son Altesse Royale », comporte, entre autres choses. « une hure de saumon, bouilli, à la hollandaise, sauce blanche avec des grenades ».

Ce plat se recommande à l'attention, au moins par la singularité. Mais, en s'occupant du saumon, on n'est jamais au bout de ses surprises : Qui s'attendrait à trouver notre poisson dans le calendrier révolutionnaire ! Il y figure pourtant comme le « pseudo saint » du 5 fructidor, et sa présence en cette place doit être expliquée par ce passage de Fabre d'Eglantine, dans son *Rapport sur le calendrier* (2).

« A chaque quintidi, c'est-à-dire à chaque demi décade, les 5, 15 et 25 de chaque mois, est inscrit un animal domestique, avec rapport précis entre la date de cette inscription et l'utilité réelle de l'animal inscrit ».

Le saumon animal domestique ! voilà de quoi dégoûter les ama-

(1) Il faut remarquer que les yeux de saumon sont les *seuls* yeux de poisson mentionnés par cet auteur minutieux comme morceaux de choix.

(2) Rapport fait à la Convention nationale dans la séance du 3 du second mois de la seconde année de la République Française, au nom de la commission chargée de la confection du calendrier, par *Fh. Fr. Na. Fabre d'Eglantines,* Député de Paris à la Convention nationale. Imprimé par ordre de la Convention nationale. Imprimerie Nationale, in-8°, p. 12-13.

teurs de pêche ! Mais la Révolution devait cet outrage au « Roi des poissons d'eau douce » ; et puis il y a beaucoup de quintidi dans l'année, les animaux domestiques ne sont pas innombrables et notons que Fructidor est le dernier mois républicain !

* * *

Consacrer un jour de l'année au saumon me semble cependant un devoir de piété gastronomique. Et ce jour devrait être fixé par le mois et le quantième où la Reynière écrivit l'évangile culinaire que l'on va méditer.

Laurent-Balthazar Grimod de la Reynière, grand primat des dégustateurs, grand barde des hautes célébrités comestibles, l'immortel auteur de l'*Almanach des Gourmands* et du *Manuel des Amphytrions,* a malheureusement laissé dans l'ombre la chronologie de ses travaux. C'est étonnant : il était formaliste. Mais on ne peut penser à tout.. Et nous pouvons en prendre à notre aise :

« Le saumon, *secundum* Grimod (1), est un prince de la mer qui, comme l'esturgeon, s'humanise assez pour remonter les fleuves, même jusques près de leur source. Quoique assez commun à Paris il y est toujours fort cher, parce qu'il est de garde et peut attendre l'acheteur pendant plusieurs jours sans impatience. Il ne paraît donc, en son entier, que sur les tables les plus opulentes et dans les repas d'étiquette, car il est de sa nature ami du cérémonial. Le court bouillon est la façon la plus honorable de le servir, surtout si on a eu soin de lui mettre dans le ventre une livre de bon beurre manié de farine. On le sert quelquefois pané et cuit au four, de belle couleur et avec une sauce hachée.

Enfin, on le fait suer à la braise, on le mouille de deux bouteilles d'excellent vin de champagne, et on le dresse garni d'ailerons de dindons glacés et d'une douzaine de superbes écrevisses cuites dans le même nectar. Ainsi paré, un saumon est vraiment une pièce curieuse ; bien des gens paieraient pour le voir. En morceaux, on le sert glacé, mariné en filets aux fines herbes, au vin de champagne (ce poisson comme on le voit est un peu ivrogne, et encore lui faut-il du meilleur), en hatelettes, en terrine. On mange ses

(1) *Almanach des gourmands.* 1re année, p. 80-81. Paris, Maradan, 1803, petit in-18°.

darnes, en caisse, en ragout à la bourgeoise ; sa hure se sert à la braise, soit en maigre soit en gras. Enfin on en fait des pâtés froids, avec la précaution de les retirer du four à moitié cuits, de verser par le soupirail une chopine de coulis clair de veau et de jambon, et de les y remettre ensuite, pour s'achever de cuire et prendre cette belle couleur dorée sans laquelle un pâté n'est jamais, sur une table, que ce que paraît aux lumières, une blonde sans rouge ».

Nous sommes au fort des délicatesses culinaires. Et déjà on a remarqué le passage souligné où se trouve renfermée la recette « la plus honorable », comme l'écrit Grimod : cette recette dont Monselet tirait le *saumon à l'Impériale* et Gouffé (1) le *saumon à la Chambord* (2) : curieux exemple des rapports qu'ont entre eux la politique et la cuisine.

Qu'il soit placé sous l'égide des fleurs de lys où des abeilles, ce plat culmine, essentiel. « On a vu, écrit Brillat-Savarin (3), que l'amour physique a envahi toutes les sciences ; il agit en cela avec cette tyrannie qui le caractérise toujours. Le goût, cette faculté plus prudente, plus mesurée, quoique non moins active, le goût, disons-nous, est parvenu au même but... »

Comment ne pas songer à cet aphorisme du « Professeur » (4) en voyant paraître sur la table un *saumon à la Chambord*, ou même, simplement, en considérant la planche coloriée qui le représente, dans le beau *Livre de cuisine* de Gouffé. Certes, on comprend que « bien des gens paieraient », pour voir une semblable pièce. L'œil en est ravi, l'odorat flatté, l'eau en vient à la bouche. Après avoir vu, subodoré et désiré, l'appareil de nos sens est dans les dispositions les meilleures et les plus complètes pour jouir de la fonction dégustative, fonction qui s'est exercée, s'exerce et s'exer-

(1) J. Gouffé, ancien officier de bouche du Jockey-Club de Paris, auteur d'un *Livre de cuisine*. Paris, Hachette, 1884, grand in-8°.

(2) Cf. Gouffé, ouv. cit. p. 622. Planche en couleur.

(3) Physiologie du goût, ouv. cit. (Médit. I, 4).

(4) C'est ainsi que s'intitule Brillat-Savarin. Sa préface à la *Physiologie du Goût* se termine ainsi :

« Je finis par une observation importante ; aussi l'ai-je gardée pour la dernière :

« Quand j'écris et parle de *moi* au singulier cela suppose une confabulation avec le lecteur : il peut examiner, discuter, douter et même rire. Mais quand je m'arme du redoutable *nous*, je professe ; il faut se soumettre ».

cera toujours, avec un maximum de délices, sur la chair exquise du « poisson Roi ».

On n'a rien trouvé de mieux. Même, auprès de la savoureuse page de Grimod, une énumération des rites usités dans la cuisine la plus moderne paraîtrait fade : *boudins* et *cromesquis*, *bateaux de saumons fumés* sont pourtant des titres alléchants que j'emprunte à Gouffé, sans parler du *canapé de saumon fumé*, et des *bardes de saumon vert-galant* formulées dans un récent ouvrage qui se sous intitule : l'*Art de bien manger* (1). Mais le *saumon à la Genevoise* éveille chez les gourmets une idée de magnificence particulière. Je ne veux point de mal aux Genevois. Je m'en voudrais de ne pas reproduire l'amusante tirade que consacre, à démonter leur recette, un *Dictionnaire général de la cuisine française* (2). D'après Quérard, ce dictionnaire, publié sans nom d'auteur, serait l'œuvre de Maurice Cousin, connu sous le pseudonyme de *Comte de Courchamps* par ses apocryphes *Mémoires de la marquise de Créqui*. Que les Suisses me pardonnent. Je ne transcris même pas la très bourgeoise recette par laquelle le dictionnaire remplace leur « glorieuse pancarte », et voici seulement la glose :

« Il est à savoir que, lorsqu'on s'adresse à des Genevois pour avoir la recette qui se trouve formulée ci-dessus, *et qui comme on voit est des plus économiques, et des plus simples, ils vous rédigent et vous remettent toujours,* ne varietur, *une interminable et glorieuse pancarte où l'on vous prescrit, notamment, de ne pas manquer d'employer* moitié vin de champagne et moitié vin de bordeaux, *pour faire le mouillement ou court bouillon de tous les poissons que l'on veut accomoder à la genevoise. Nous avertissons les voyageurs de ne pas s'en rapporter à ce dernier formulaire, qui n'est jamais employé à Genève qu'à l'égard des étrangers, et pour se donner,* par écrit, *un faux air de magnificence. Lorsque des Génevois peuvent se décider à faire les frais de deux bouteilles de vin de champagne et deux bouteilles de bon vin de bordeaux*, c'est

(1) *La Cuisine française du* XIVe *au* XXe *siècle, l'art de bien manger*, par Edouard Richardin. Paris, Edition d'art et de littérature. Librairie Nilsson, 1910, in-8°.

(2) *Dictionnaire général de la cuisine française ancienne et moderne ainsi que de l'office et de la pharmacie domestique*, Paris, Plon, 1866, in-8°, p. 447.

D'après la *France littéraire* la première édition de ce dictionnaire serait de 1839.

pour les boire en compagnie... et nullement pour les verser dans un chaudron de leur petite cuisine ».

Quel prosaïsme! Il n'est égalé sans doute que dans un *Cuisinier végétarien* (1), publié en 1896 par Madame Saint-Briac. Qui s'attendrait à voir traiter de poisson par un végétarien, même par une végétarienne? Mais le cœur a ses raisons... Et d'ailleurs le végétarisme — c'est là sa revanche sans doute — a bien mal inspiré Madame Saint-Briac. Il nous ramène au beau temps de Taillevent, avec immersions dans l'huile. J'aimerais presque autant la croque au sel!

*
* *

Mais le sel n'est plus employé, même pour conserver le saumon. Il faut remonter jusqu'au XVIIIe siècle pour trouver trace de son usage. Savary des Brulons, dans son *Dictionnaire Universel du Commerce* (Edition de 1730, supplément), nous apprend que :

« La Moscovie fournit une grande quantité de saumons qui se consomme non seulement dans le pays, mais qui s'enlève aussi par diverses nations du Nord. *Il y en a de deux sortes, du salé et du fumé*. Celui-ci se prépare à peu près comme le hareng soret.

« On pêche aussi en Moscovie, particulièrement sur les côtes de Laponie, une espèce de saumon blanc que l'on nomme *Meelma*. On le fait sécher pour le transporter ».

De nos jours le procédé de conservation le plus en vogue est le procédé dit « par fumage ».

« La conservation par fumage est un procédé hybride, dans lequel la conservation est due non seulement aux principes antiseptiques contenus dans la fumée (creosote, etc.), mais aussi à la dessication partielle du poisson. Ce dernier mode de conservation s'applique aux harengs, saumons, etc... »

Ainsi s'exprime M. J. Potin (2), de la maison Félix Potin. Il

(1) *La cuisine végétarienne*, par Yvonne Saint-Briac. Paris, Chailley, 1896, in-18, p. 163. (Ce livre fut préfacé par Francisque Sarcey, « végétarien de contrebande nous dit M. Paul Le Blanc, et très vaniteux »).

(2) *Rapports* du Jury international de l'Exposition universelle internationale de Paris de 1889. Classes 70 et 71 (Viandes et poissons. Légumes et fruits). Rapport de M. J. Potin. Paris, Imp. Nation., 1891, grd in-8°, p. 63.

a surtout en vue les conserves venant de Terre Neuve, où le saumon est capturé dans les rivières jusqu'à un kilomètre des côtes, et sert d'appoint, avec le homard, aux pêcheurs de morue et de hareng; appoint non négligeable d'ailleurs, puisqu'il fournissait, vers la fin du siècle dernier, un million de kilogs à l'exportation.

Ce chiffre d'un million de kilogs montre assez que le saumon forme l'objet d'un commerce considérable. Et encore il ne comprend pas les envois de la Norwège, qui expédie les produits de sa pêche d'été en Angleterre sous forme de saumon fumé ou frigorifié, de la même façon que la Suède et le Danemark.

Les conserves proprement anglaises seraient encore à distinguer, si nous en croyons cette description de lunch puisée dans la *Cuisinière poétique* (1) de Monselet. Ce lunch se compose « ... de jambon fumé du Nord Amérique, de sardines à l'huile, de ces *délicieux saumons* conservés en boîte, de ces saumons dont la chair est si rose et que l'on pêche en Ecosse... »

On expédie également de l'Alaska, où les rivières côtières alimentent de véritables usines, certaines conserves très réputées.

Mais quoi, n'a-t-on pas vu, au cours de ces premières pages, que tous les gourmands exaltaient à qui mieux mieux le saumon (2), qu'ils l'aient « mengié à la cameline » ou attaqué sous les apparences superbes de la pièce montée *à la Chambord*? S'il

Il est à remarquer que la truite était encore salée — la truite ce poisson délicat par excellence — vers la fin du siècle dernier.

« Pour conserver la truite, la transporter au loin, écrit M. Comarmond (*a*), on la sale comme le hareng. On la prépare aussi comme le thon mariné. C'est une nécessité commerciale, mais, sous le rapport de l'art, c'est un crime de lèse cuisine ».

Heureusement, ajouterais-je, l'avènement des frigorifiques et des transports rapides a mis fin à ces atrocités.

(1) *La Cuisinière poétique*, par Ch. Monselet, avec le concours de MM. Mery, Dumas, Th. de Banville, Th. Gautier, etc. Bruxelles, Méline-Causs et Cie, 1850, petit in-18e, page 104. « La vie à bord des steamers de Saint-Thomas à Southampton » par Alfred de Morton.

(2) Blanchard, Ouvr. cit., p. 450 s'exprime ainsi :

« Les qualités comestibles du saumon sont assez connues et trop bien appréciées pour qu'il soit utile d'entrer dans aucune description à leur sujet. Remarquons seulement que des connaisseurs accordent une préférence aux saumons de certaines rivières sur ceux d'autres rivières, aux femelles sur les mâles, etc. »

(*a*) *De la pisciculture en Italie* (Mémoire lu à l'Académie de Lyon), Lyon, Dumoulin, 1853, in-8e, p. 47.

faut attribuer un prix d'excellence je crois qu'il reviendra au poisson de la Loire :

« Quel mets distingué ce saumon froid, *surtout s'il a été pêché dans la Loire* ! » Ainsi s'exclame dans son *Manuel des Amphytrions* (1), Grimod de la Reynière. Cette « référence » emporte la décision. Et quand j'aurai fait remarquer que le saumon de l'Allier provient directement de la Loire, on accordera, je l'espère, une attention spéciale aux pêcheries de Brioude, grandes fournisseuses actuelles du saumon en France, dont je vais essayer de faire l'historique.

(1) *Manuel des Amphytrions*, par l'auteur de l'*Almanach des gourmands*. Paris Capelle et Renaud, M.D.CCC.VIII, in-8°, p. 236.

CHAPITRE II

Le saumon à Brioude. — Les chanoines-comtes de Saint-Julien; leurs privilèges; leur genre de vie. — La Bajasse; historique. — Les *avaloirs*. — Prix du saumon vers la fin du XVIIIe siècle dans la région. — Hausse des prix après la Révolution; causes; sociétés mangeantes et chantantes. — Déclin de la vie sociale à Brioude au début du XXe siècle. — Recrudescence, des remontées de saumons; causes probables. — Mécanisme de la remontée. — Importance commerciale actuelle de la pêche. — La pêche sportive. — Son avenir.

« J'étais né gourmand — prétendait Carême (1) — je n'ai jamais eu le temps de manger ». A coup sûr les cuisiniers brivadois ne purent jamais en dire autant : rien n'indique, au cours des temps, qu'ils aient trouvé une recette ou un semblant de recette, ni un titre même, quelque chose comme *Saumon à la Brivadoise* qui puisse figurer glorieusement sur leurs menus.

Chanoine est gourmand... (2) Chacun sait çà. Sous les chanoi-

(1) Carême (Marie-Antoine), 1784-1833. Le chef fameux du prince de Talleyrand. Le 27 septembre 1834, George Sand visita le château de Valençay où habitait alors le prince de Talleyrand. Quelque temps après elle publia dans la *Revue des Deux-Mondes* sous ce titre : *Le Prince* un article, en forme de dialogue, où se trouve racontée tout au long une journée du prince. « A cinq heures — y lit-on — on lui sert le plus succulent et le plus savant dîner qui se fasse en France. *Son cuisinier est, dans sa sphère, un personnage aussi rare, aussi profond, aussi admiré que lui* ».

(2) M. Dümmler, professeur à l'Université de Halle, a publié dans le *Neues Archiv der Gessellschaft für altere deutsche Geschichtskünde* (1885, p. 347) une série de petits poèmes latins du Xe siècle attribués aux chanoines de Brioude. Ces poèmes se rapportent chacun à une fête de l'année liturgique et se terminent tous par une invite à boire :

...Sumite nunc læti præsentis pocula musti
...Lœtitiæ nostræ clarum subdamus œnum
...Inde dulci claro felicia regna directo
...Poscentes eïus placito hilarescite Bacco

nes-comtes de Saint-Julien, neuf siècles durant seigneurs de la ville, que fut-il donc cuisiné? Mystère. Peut-être les derniers cordons bleus de ces messieurs sont-ils morts avec d'importants secrets. Peut-être aussi, sur leur fin, ces messieurs n'eurent-ils point de ces chefs inspirés dont les casseroles enfantent des merveilles... La bonne chère est un luxe de financier. Et le chapitre de Brioude déclina et vivota petitement au cours du XVIIIe siècle avec lequel il devait périr.

*
* *

Le chapitre cependant, depuis le IXe siècle, époque obscure de son institution chevaleresque, avait connu graduellement la puissance, presque sans borne, d'un souverain absolu. Il comprenait trois sortes de chanoines : des *hebdomadiers* (1) ou *sacerdotaux* et des *semi prébendés*, chanoines non nobles, simplement chargés de l'exercice du culte et du service de la collégiale, et des chanoines comtes (2), seigneurs suzerains de Brioude et de plus de cent

M. Thomas commentant ces vers dans *Romania* (N° 55-56, 1885, tome XIV, pages 579-580) remarque qu'ils « nous révèlent de la façon la plus authentique que la vie que l'on menait à Brioude sous l'administration du comte Guillaume le Pieux n'avait rien d'ascetique... ».

M. Vernière — à qui j'emprunte ces renseignements — combat l'opinion de M. Thomas : « A supposer même — écrit-il — que ces poésies aient un caractère liturgique, l'usage de boire un coup entre les diverses parties de l'office, n'était pas particulier à cette église ».

M. Vernière prouve que la longueur des offices canonicaux, pendant certaines fêtes, rendait indispensables d'honnêtes réfections. Il n'en reste pas moins que les chanoines de Brioude se reprenaient sur ce sujet avec un enthousiasme très spécial : « hilarescite Bacco » ! ! !

(1) Ainsi nommés parce qu'ils prenaient l'hebdomade, c'est-à-dire qu'ils assuraient le service divin par périodes d'une semaine, en se relayant.

Au début du XVIIIe siècle les chanoines appelés : « sacerdotaux, hebdomadiers, de résidence, semi prébendés où qualifiez d'autres semblables noms sont obligés de passer par tour de semaine et ne peuvent prétendre l'entrée aux assemblées capitulaires ».

(2) L'organisation et le nombre des chanoines comtes varièrent au cours des temps, et d'une manière assez sensible. (Cf. d'Antil et de Chavanat, *Chronologie du chapitre de Brioude*). Qu'il me suffise ici d'indiquer que ce noble corps semble avoir de tous temps compris deux « dignitez » : le Prévôt (première dignité) et le Doyen, ainsi qu'un Théologal, les autres chanoines n'ayant d'ailleurs pas de qualification spéciale. C'est seulement en 1772 que le Roi Louis XV permit aux chanoinés de porter individuellement le titre de comte.

vassaux nobles. A ceux-ci appartenait « tout l'honorifique. »

N'ayant le plus souvent de l'ecclésiastique (1) que la tonsure, ils portaient l'épée, ne relevaient disciplinairement que de Rome : Pierre le vénérable (2) au XIIe siècle, écrit au pape en ces termes :

...« L'Eglise (3) de Brioude... suivant sa propre constitution, libre de toute ingérence épiscopale, relève directement de votre siège apostolique... ».

Voilà pour le spirituel. Quant au temporel les comtes de Brioude ne relevaient que du Roi, premier chanoine de leur ordre. Encore avaient-ils le droit de fournir eux-mêmes à toutes les charges, dans les limites de leur ressort, de donner des prébendes, de battre monnaie, de juger en appel toutes les causes, etc...

« Malgré (4) leurs efforts constants et leurs sacrifices pécuniaires, ils (les habitants de la ville) n'avaient jamais pu avoir corps commun, maison commune et autres droits de ville ».

Les chanoines hebdomadiers et sacerdotaux, malgré leurs prétentions et leurs intrigues, étaient tenus dans une étroite sujétion. Ils n'assistaient point aux assemblées capitulaires...

Ainsi, jusqu'à la Révolution, les seigneurs de Brioude, malgré les efforts centralisateurs de la monarchie, malgré la turbulence du peuple, avaient pu sauvegarder presqu'intactes leurs prérogatives. C'est qu'ils avaient une haute idée de la noblesse et ancienneté de leur institution (5). On se rappelle le mot fameux du cardinal de Bernis (6) : A Madame de Pompadour qui lui disait un

(1) Pour remplir la dignité de Prévôt, un chanoine devait avoir reçu les ordres de prêtrise. Le théologal était également tenu d'être prêtre, mais il pouvait n'être pas noble. Tout au moins n'exigeait-on pas de lui des preuves aussi rigoureuses que celles des autres chanoines.

(2) Pierre de Montboissier, Abbé de Cluny.

(3) Brivatensis ecclesia, jure apostolico, nullo episcopo mediante juxta propriæ institutionis morem... (Petri Venerabilis opera, Ep. XXVIII).

(4) P. Le Blanc, *Notes historiques sur le Collège de Brioude*, Le Puy, Marchessou, 1905, in-8°.

(5) Saint Julien fut martyrisé au IVe siècle. Une abbaye de Brioude semble avoir existé dès 760 (*Cartulaire de Brioude N° 25*). Elle fut incendiée par les Sarrasins : Béranger, comte d'Auvergne la reconstruisit, et fonda au IXe siècle le chapitre de Brioude (*Cartulaire de Brioude N° 339*). Le Roi, depuis l'origine, fut le Premier Chanoine de Brioude.

(6) François Joachim de Pierre de Bernis, né à Saint-Marcel en Vivarais en 1715, mort à Rome en 1794. La vie de ce personnage historique, membre de l'Académie française, est bien connue. Il ne semble pas avoir jamais résidé à Brioude.

jour l'avoir tiré de la poussière il répondit : « Madame, on peut sortir un comte de Brioude de la misère : on ne le sort pas de la pouldre... ».

De fait, le chapitre de Saint-Julien fut toujours extrêmement pointilleux sur le choix de ses membres. Pour y être admis le futur chanoine devait faire preuve de seize quartiers de noblesse tout comme les candidats au titre de comte de Lyon (1). On lit dans le P. Menestrier (*Nouvelle méthode raisonnée du blason*, Lyon, 1770, leçon XLVIII) :

« Quelques chapitres comme ceux de Lyon, de Saint-Claude, etc.., exigent seize quartiers de noblesse ou cinq degrés ; c'est-à-dire qu'il faut remonter jusqu'aux trisaïeuls paternels et maternels qui tous doivent être nobles de nom et d'armes, c'est-à-dire d'extraction. *On rejetterait, dans ces chapitres, un quartier dont la noblesse ne ferait que commencer* ».

A Brioude on appliquait les mêmes règles en toute rigueur. Lorsqu'en 1750 François d'Auterroche (2), cadet de la noble maison d'Auterroche, voulut succéder au comte d'Antil de Valivier décédé, il ne put d'abord, malgré l'approbation du Roi qu'il obtint avec l'autorisation de la cour de Rome et des lettres de provision de l'évêque diocésain, se faire reconnaître par le chapitre. On lui reprochait « certain bisaïeul maternel », qui n'était réellement qu'un trisaïeul : M. de Bérald, chirurgien du roi, anobli. Il fallut quinze ans de plaidoiries et les puissants appuis de ses cousins germains, l'évêque de Condom (3) et le lieutenant général d'Auterroche, le héros de Fontenoy, pour qu'il fût définitivement mis en possession de son canonicat...

Ce bénéfice, si péniblement obtenu, n'était point considérable à cette époque. Les litanies de Saint-Julien implorent le Bienheu-

(1) Les chanoines de Lyon devaient faire preuve de seize quartiers de noblesse (d'Herbigny, *Mémoires sur la généralité de Lyon*, 1698). Pour les chanoines de Brioude le pape Clément VI reconnut cette condition en 1348.

(2) Fils de François d'Auterroche, marié en 1723 à Eléonore de Brives dame de Peyrusse. Cf. Cte de Dienne : *Deux Carladésiens célèbres du* XVIIIe *siècle* : [Jos. Ch. Al. comte d'Auterroche, le héros de Fontenoy, lieutenant général des armées du Roy (1710-1785), et Alexandre Cesar d'Auterroche, évêque de Condom, député du clergé aux états généraux de 1789 (1719-1793)], Riom, Ulysse Jouvet, 1907, Gr. in-8°.

(3) Alex. César d'Auterroche était déjà lui-même comte de Brioude. Cte de Dienne, *Ouv. cit.*

reux comme « le charitable asile (*xenodochium*) de la noblesse » (2) et l'on sait (3) qu'en 1706 un chapitre extraordinaire fut tenu dans la chapelle de Saint-Cosme et Saint-Damien et que le prévôt, M. de Colonges, songeant à apporter un remède au malheureux état du chapitre : « ... on décida, *pour empêcher la cessation du culte divin*, que sur les quarante chanoines vingt se retireraient cette année, les autres vingt devant demeurer ladite année et se retirer l'année suivante où les premiers reprendraient leur place et ainsi de suite... ».

Comment le chapitre était-il arrivé à ce degré de dénuement? c'est ce qu'il semble difficile de préciser. Seulement peut-on dire que la plupart des chanoines-comtes étant des cadets sans fortune, n'ayant pour toute ressource que leur prébende, tirée du produit de leur terre pour la plus grande partie, il suffisait d'une mauvaise récolte pour les mettre dans la gêne.

Certains d'entre eux, pourtant, avaient des rentes. Ils étaient rares au XVIIIe siècle. L'intendant d'Ormesson pouvait alors écrire que le riche comte de Bragelongue (4), doyen du chapitre, était le seul de cette assemblée qui eut « les manières d'un homme de qualité bien élevé », qui fut « bien logé... ayant équipage ». D'Ormesson remarque ailleurs que les membres du chapitre « n'entendent rien aux affaires ». Mais cela importait peu dans l'administration d'un revenu de 800 livres (1) : car telle était alors la prébende d'un chanoine-comte de Brioude.

(1) « Saint-Julien qui êtes le charitable asile de la Noblesse, priez pour nous ». (*La Vie et les Miracles de Saint-Julien*. Brioude, Douçet, 1841, in-18). L'invocation est traduite d'un texte latin très ancien qui m'a échappé.

(2) Cte de Dienne, *Deux Carladésiens*... Ouv. cit., p. 88.

(3) Bernard Christophe de Bragelongue « vir clarissimus », dit l'auteur de la *Gallia Christiana*, et aussi « vir sane eruditus et in historia versatissimus... », membre de l'Institut, fut élevé à la dignité de doyen en 1716. Il possédait à Brioude un riche mobilier et un autre ameublement à la Rochelle (Note de M. P. Le Blanc).

(4) Je donne ce chiffre d'après des documents relevés à l'époque de la suppression du chapitre par Phillipe Freydefont, notaire à Lamothe.

Freydefont a tenu de 1748 à 1796 une sorte de journal dont le relevé m'a été communiqué par M. Paul Le Blanc. Ce journal comporte un tableau de l'état du chapitre au moment de la Révolution. Dans ce tableau figurent 20 chanoines-comtes, 11 hebdomadiers, 10 semi-prébendés. Les revenus des chanoines-comtes sont tous, et ceux-là seuls, indiqués. Les dignitez d'alors : Prévot, (M. François de Nozières de Coteuge) et Doyen (M. François-Maurice de Bourdeilles) ont respectivement 11.400 l. et 11.213 l. de revenu, qui se décomposent ainsi. A savoir : Pour M. le

On comprend par ces chiffres que messieurs de Brioude étaient réduits, pour la partie matérielle de leur existence, à vivre fort près du peuple. Heureusement ils étaient aimés de leurs vassaux, et l'on en trouve la preuve ancienne dans l'histoire des guerres de religion. Poursuivant leur lutte séculaire contre l'autorité, beaucoup de Brivadois, à la naissance du calvinisme, s'étaient jetés dans l'hérésie pour faire pièce aux chanoines. Cela n'empêcha pas le chapitre, lorsqu'il le voulut, de les rallier tous au parti de la Ligue. « Ils grognaient, mais ils suivaient toujours ».

Lors même que les haines de classes atteignirent leur apogée avec leur assouvissement, pendant la période révolutionnaire, aucun chanoine ne fut molesté dans sa personne. Les biens seuls furent saccagés. Et ce détail encore donne la mesure du paroxysme fol où étaient montés les passions. Car, peu d'années avant le bouleversement, les relations les meilleures existaient entre les fermiers et leurs seigneurs qui trouvaient même facilement des domestiques bénévoles (1).

Dans les *Comptes de la prévôté* (2) on trouve mention de « 1 l. 6 d. payés à la Cathon (*sic*) gouvernante de M. le Prévôt pour acheter du fil. » Il n'est nulle part question dans ces *Comptes* de gages payés à ladite Cathon.

*
* *

Pauvres mais superbes, isolés dans leur mince seigneurie, jaloux avant tout de leurs prérogatives, tels il faut nous repré-

Prévôt : ses *deux* prébendes, y compris Charroux * et sa manse. Pour M. le Doyen, sa prébende y compris Charroux ; sa manse et l'abbaye de Rully.

La plupart des autres chanoines ont simplement leur prébende, y compris leur part du revenu de Charroux, soit : 1800 livres.

(1) A la dissolution du chapitre, celles des servantes qui étaient en âge de servir encore se placèrent chez des bourgeois de la ville.

(2) M. Paul Le Blanc a réuni de nombreux feuillets de ces *Comptes* se rapportant à des années comprises entre 1709 et 1768. Les *Comptes* des trois années dont les millésimes précédent immédiatement 1768, figurent au complet dans cette collection.

* Abbaye de Saint-Sauveur de Charroux (diocèse de Poitiers) concédée au chapitre pour reconnaître la complaisance qu'il avait mis à recevoir un bâtard du duc de La Vrillière. Cette abbaye avait été réunie à la collégiale par lettres royales du 19 août 1779, enregistrées au parlement de Bordeaux le 20 août 1783. (Arch. de la Haute-Loire, G. 654).

senter messieurs les comtes de Brioude. La visite annuelle de l'évêque de Saint-Flour, les relations rares probablement avec les monastères de la Chaise-Dieu et de Pébrac dont les abbés furent chanoines honoraires de Saint-Julien, c'étaient là sans doute les événements les plus marquants de leur existence.

Alain Desprès, recteur de Saint-Julien de Vouvantes, étant venu chercher des reliques, fit véritablement sensation. Il nous a laissé de son voyage et de son séjour à Brioude une relation (1) bien curieuse. On y voit l'aimable comte d'Auliac (2) qui le reçoit et l'embrasse étroitement. Ce chanoine ne doit point avoir un gros train de maison. Il ne peut loger le cheval de Desprès qui est obligé, par suite, de décliner ses offres d'hospitalité. En revanche, le riche comte de Colonges (3), qui a embelli l'église à ses frais,

(1) *Voyage d'Alain Desprès, recteur de Saint-Julien de Vouvantes (1710)*. Brioude, A. Watel, 1890. Publié par MM. Paul Le Blanc, Antoine Vernière et Fournier-Latouraille.

Saint-Julien de Vouvantes est un chef-lieu de canton de l'arrondissement de Chateaubriant (Loire-Inférieure), lieu de pèlerinage autrefois très fréquenté. Villon y fait une plaisante allusion (Grand Testament, XCIII-XCIV).

... Si je parle ung pou poictevin
Yce m'ont deux dames appris.
Filles sont tres belles et gentes
Demourantes à Sainct Genou *
Pres *Sainct Julian des Voventes* **
Marches de Bretaigne ou Poictou,

(2) Amable-François de la Richardie d'Aulhat était clerc tonsuré du diocèse de Clermont lorsqu'il fut nommé chanoine-comte de la noble collégiale de Saint-Julien de Brioude, le 10 novembre 1682, en remplacement et sur la résignation de Claude-Gaspard de la Richardie. Il était fils de Gilbert de Besse de la Richardie, écuyer, seigneur de la Richardie, d'Aulhat et de Fontanet, et de Jeanne d'Ossandon. Il mourut en 1730. Ce fut lui qui transmit au P. Le Brun, de l'Oratoire, les « Remarques sur les usages particuliers à l'église de Brioude ».

(1) Hugues de Colonges, fils de Claude, chevalier, seigneur du Précy et de Barbe du Bec, succéda à son oncle, aussi nommé Hugues, dans la charge de prévôt et principale dignité de la collégiale de Brioude. D'humeur assez chagrine, il ne cessa pas d'être en procès avec les autres membres du noble chapitre de Saint-Julien. Cependant, il était très généreux et il augmenta le mobilier de son église avec une

* Ces deux dames qui avaient appris le poitevin à Villon n'étaient autres que des filles publiques que l'on désignait suffisamment par une allusion populaire en disant qu'elles demeuraient à Saint-Genou en Poitou.

** Saint-Julien des Voventes ou des Vœux était un pèlerinage très connu alors. Villon fait une allusion plaisante aux *ex-voto* ou offrandes que les *Enfants perdus* apportaient aux filles de joie.

Notes de M. Paul Lacroix (Bibliophile Jacob).

montre la plus mauvaise volonté à l'égard du voyageur, qui n'obtiendrait pas ses reliques si le théologal, en plein chapitre, ne les lui gagnait par un bon mot :

« Pour moi, interrompit agréablement M. le théologal (1), si vous voulez que je vous dise mon sentiment, je crois que si sans simonie on peut acheter des reliques, M. le curé de Saint-Julien de Vouvantes a acheté bien cher celles que nous lui voulons donner ».

Aux assemblées capitulaires, les piques entre chanoines paraissent être de règle. D'ailleurs la vivacité de caractère, la susceptibilité de ces messieurs est restée légendaire ; on en trouve les traces partout dans les contestations avec les habitants, les corps constitués, même et surtout avec les communautés cloîtrées établies dans la ville.

*
* *

Le maintien des privilèges féodaux entraînait de nombreux heurts et même des disputes : témoin celle-ci qu'on rapporte s'être élevée à propos d'une limite de pêche. La barque d'un chanoine hebdomadier ayant été, dit-on, poussée par hasard (ou à dessein), dans les eaux du chapitre, survint une embarcation portant un seigneur de Brioude. Colère du privilégié.... Sommation faite à l'intrus de déguerpir : Contestation, injures réciproques. Abordage, enfin... pugilat.

Inutile de dire que le seigneur n'eut pas le dessus dans l'histoire : il llfaait même qu'il fut rossé et prit un bain en soutane violette... On doit faire justice de ces billevesées : plaisanteries satyriques de bourgeois bons raillards, auxquelles, sans doute, un minime incident mit en butte messieurs du chapitre : gentilhommes de pied en cap les comtes de Brioude étaient évidemment, comme tous les membres de la noblesse française,

magnificence que la *Gallia Christiana* qualifie de « presque royale ». Il mourut le 13 mai 1713, laissant la prévôté à son neveu Hugues-François de Colonges.

(1) Julien de Vèze, prieur de la Trinité et de Sainte-Agathe de Cusse, mourut à Brioude âgé d'entour 67 ans, le 20 décembre 1732, et fut enterré dans l'église des religieuses de Notre-Dame. (Cette note ainsi que les deux précédentes sont empruntées à M. Paul Le Blanc.)

férus de chasse et de pêche, très jaloux de leurs droits y afférents et l'on sait que les règlements, sous l'Ancien Régime, étaient fort stricts en cette matière. On en prendra une idée, relativement à notre région, par la note suivante qu'écrivit aux environs de 1735 le chanoine Martinon, curé d'Auzon (1).

« M. de Barentin a le droit de pêche depuis La Mothe jusqu'aux Granges. Les habitants d'Auzon ont le droit de pêche de l'autre côté depuis Crispia jusqu'à Brassac. Ainsi l'on peut pêcher de l'autre côté sans risque de la maîtrise d'Ambert et de M. de Barentin.

« D'après une sentence du bailliage d'Auzon du 21 juillet 1588, on (2) a droit de pêche en la rivière d'Allier tant que s'étend la justice d'Auzon, depuis l'écluse du Salvian-sous-Alvier, descendant sur Nonette jusque sous Brassac.

« Ce droit ressortait des *permissions et privilèges de pêche du 7 novembre 1441*.

« L'usage était que le poisson se vendit à la halle 5 sous en hiver et 4 sous en été et que *la hure du saumon fut suspendue au crochet pour être donnée au seigneur d'Auzon.* »

On voit en outre par ces dernières lignes que le saumon était plus qu'autre poisson apprécié par les délicats. Voici maintenant ce que fait dire Philippe Desportes (3) au gentilhomme campagnard dont il chante les plaisirs :

« Un autre jour plus gay je m'en vais à la chasse
« . . . .
« Puis las de ce mestier j'en choisis un nouveau
« Et, garny de filés, je vais chasser sur l'eau
« A la truite et à l'ombre *où si bien je m'espreuve*
« *Qu'un saumon quelquefois dans mes filets se treuve.* »

Ceci est un comble pour le gentilhomme pêcheur. Il a d'ailleurs d'autres cordes à son arc, si l'on peut ainsi dire... « Or continue-t-il

(1) Les lignes qui suivent ont été rédigées d'après des documents aujourd'hui disparus. Elles se trouvent écrites de la main du curé d'Auzon au bas de l'acte de vente du pont de Linde. (Collection de M. Paul Le Blanc.)

Le chanoine Martinon, auteur d'un *Calendrier auvergnat*, était membre de la Société littéraire de Clermont-Ferrand.

(2) C'est-à-dire les habitants d'Auzon.

(3) Cf. Phillippe Desportes, *Bergeries*.

« Or (*tantôt*) avecques la ligne et le traistre hamecon
« Or avecques le feu je fais guerre au poisson,
« J'en sale une partie et l'autre frais je mange
« Et mille fois le jour de passe temps je change. »

Ce programme de réjouissance, les chanoines de Brioude durent, au cours des âges, en épuiser toutes les ressources. Que l'on tâche en effet de se représenter leur existence! Certes, rien n'est moins facile tant les brûlements de l'époque révolutionnaire ont emporté de pittoresque dans leur fumée.

Essayons cependant.

Je vois un chanoine s'éveiller entre les rideaux lourds tandis que la « Cathon » vient ouvrir sa fenêtre. Des lumières faibles l'atteignent. Au fond de l'alcôve, dans les plis des coëttes épaisses de larges ombres remuent : M. le comte s'étire et offre à Dieu ses premières pensées !...

A quelle heure pourra-t-il se lever : *Novem porcis, decem canonicis*, dit l'école de Salerne. Et Boileau nous fit voir un prélat qui

. . . Muni d'un déjeuner
Faisant un léger somme attendait le dîner.

Mais n'oublions pas que nous sommes en province. Le chanoine de Brioude n'est pas le chanoine de la Sainte-Chapelle, pas plus que la Seine n'est la salmonifère Allier. En province on se lève tôt : A huit heures peut être, quand on est homme de qualité.

Nous plaît-il maintenant de l'imaginer, pompeux, en soutane violette et se rendant à l'église? Il passe par la rue de la Monnaie, où le chapitre a son balancier, ou par la rue des Comtes (1). Les artisans lui tirent leur bonnet.

(1) La rue de la Monnaie et la rue des Comtes, qui sont des plus anciennes de Brioude, existent encore et n'ont pas changé de nom. Elles contenaient à coup sûr au moins une habitation de chanoine : le vieux Brioude était si ramassé. Je ne puis pas apporter une précision sur ce point. Nombre d'emplacements qu'occupèrent autrefois les demeures des chanoines ont été bouleversés. Certaines maisons ont pourtant conservé des armoiries révélatrices. Voir à ce sujet les études héraldiques de M. Fournier Latouraille sur les blasons de la ville de Brioude, parues dans l'*Album*.

Il semble que les prévôts du chapitre — M. de Colonges fut le dernier — aient de tous temps habité le bâtiment dit autrefois « La Prévôté » et qui fut depuis la cure. Quand au doyen, — selon M. P. Le Blanc — le dernier de ces dignitaires, M. de Bourdeilles, habitait une vaste maison sise à peu près sur l'emplacement actuel de la halle.

Le voici à la sacristie. Il y met son habit de chœur, le cordon et la croix et va prendre place dans sa stalle. Les chants commencent. Les chanoines hebdomadiers, de semaine, remplissent leurs devoirs liturgiques, assistés des chantres et des enfants de chœur. Le chanoine, très pointilleux sur les questions rituelles (1), quitte des yeux par instant son bréviaire de Brioude. Il suit les évolutions des petits clercs, compte les coups d'encen-

(1) Le service religieux était assuré à la Collégiale d'une manière qui ne laissait rien à désirer. Le journal de Freydefont (Docum. cit. Cf. p. 29, note 4) indique que, sur sa fin, le chapitre appointait :

Un « maître de musique » ; un « musicien » ; un « sous-maître de latinité des enfants de chœur » ; plusieurs sonneurs, bedeaux et suisses, et qu'il avait en outre « huit serviteurs sans traitement ».

L'état financier du chapitre était pourtant alors très peu brillant comme nous l'avons indiqué ailleurs.

Voyons d'autre part, pour plus de détail, le « compte * que rend à vous Messei-« gneurs les Prévôt, Doyen du Noble Chapitre de Brioude, Guillaume-Julien Thomas, « chanoine, héritier de feu Antoine Thomas, de ce qu'il a reçu ou du recevoir et de « ce qu'il a dépensé, en qualité de votre trésorier depuis le premier janvier mille « sept cent soixante jusques au dix avril mille sept cent soixante et un, jour auquel « feu sond [it] père fut attaqué de la maladie dont il décéda. »

A en juger par la précision de l'intitulé ce compte doit être des plus exacts... Au « chapitre des dépenses et fournitures » il mentionne les dépenses occasionnées par (art. 41-49) :

« Le clerc de la sacristie » (paragraphe en blanc) ; « la veuve Bourneton », qui est chargée de blanchir le linge de la sacristie ; « les gages du vitrier** » ; « l'organiste » (les sieurs Héraut et Cartier, remplaçants) ; « le maître de musique » ; « les enfants de chœurs », (on leur donne 7 livres le jour de la fête des Saints Innocents) ; les « sous-maître, sous-chantre et joueur du serpent *** » ; « les chabiscols » ? ; « le ponctueur ».

Deux autres articles du même chapitre (art. 53 et 60) sont consacrés respectivement au sacristain et aux « porteurs de croix les jours des Rameaux et des Rogations ».

* Manuscrit ayant appartenu à M. P. Le Blanc qui a fait le tableau généalogique de la famille Thomas de 1614 jusqu'à ces temps derniers. D'après cette pièce Julien-Antoine Thomas naquit à Brioude en 1733 et entra au noviciat des Jésuites en 1750. Il était fils de Antoine Thomas, notaire royal, secrétaire du Chapitre, né et baptisé à Lavaudieu, le 22 décembre 1684, et de Benoîte Marin, baptisée à Chilhac, le 20 février 1700.

** Remarquons cette mention d'un vitrier *gagé* par le chapitre. Au temps des chanoines-comtes la collégiale était aussi bien entretenue que desservie. On trouve aussi dans le compte de Thomas de nombreuses journées d'ouvriers et quantité de fournitures diverses, entre autres, le bois pour la « chambre capitulaire » et le charbon pour l'église.

Le chapitre poussait même le souci de sa gestion jusqu'à s'occuper des moindres détails. On voit dans le même compte, passée sous l'article 71, « la somme de 16 sols à Mr le comte de Vichy, pour de la mort aux rats pour mettre à l'orgue ». (M. le comte de Vichy avait la charge des instruments de musique, orgues, épinettes, etc.).

*** Il y a quelques années l'antique serpent, entièrement fait en bois de noyer, dont usèrent les joueurs de serpent de Brioude fut vendu 50 francs à un brocanteur.

soir. Puis, en procession solennelle, il regagne la sacristie. Le voici qui cause avec ses confrères... La journée s'annonce belle : les soucis seront pour plus tard. Maintenant donc ces messieurs vont aller à la chasse?... Mais non. Les meuniers du chapitre ont vu passer les premiers saumons. Allons à la Bajasse! propose M. le doyen... Et sans plus délibérer on part (1).

Il est entre neuf et dix heures. Le déjeuner dinatoire, en province, ne se place pas au temps jadis avant deux heures après midi. D'ici là gare aux saumons! Messieurs du chapitre cheminent déjà « bien garny de filets », de lignes et de « traistres hameçons » vers la Bajasse.

*
* *

La route n'est pas fort pénible; le cortège y fera de nombreuses rencontres. Pratiqué, semble-t-il, déjà par les Romains vers Fontannes, le gué de la Bajasse (2), lieu de passage toujours fréquenté par la suite, fut successivement muni de divers ouvrages d'art. Le pont du « colombier d'Anis » sur la route des pèlerinages vers Rome et le Mont Anis (Notre-Dame du Puy), emporté en 1421 par la *Grande Aigüe* (3) n'est pas tout entier disparu. Cinq de ses piles ruinées étaient encore visibles vers le milieu du siècle dernier. Une encore se dresse brune et ravagée, portant hors de l'eau calme un massif d'arbustes chevelus. Ce pont ne fut pas tout d'abord remplacé, des bacs à trailles ou à bourdes assurèrent le service d'une rive à l'autre. A certaines époques le chapitre permit leur installation en dessous du barrage de ses moulins. Il dut

(1) Ce ne sont point là des imaginations. On sait le goût, la passion héréditaire de la noblesse française pour la chasse et la pêche. Une vieille écriture nous montre au XVIIIe siècle le comte de Combres et le comte de la Rochette de la Rodde se livrant à ces exercices et si ardemment que ce dernier « y avait contracté des infirmités ».

(2) Pour tout ce qui va suivre, indications de lieu etc... se reporter à la planche hors texte ci-contre. Ce plan a été dressé par les soins de M. P. Mamet, spécialiste de la question des vieux chemins, spécialement pour cette étude, d'après des données topographiques nouvelles et très précises. On y trouvera divers détails empruntés à un plan visuel de 1861 (communiqué par M. Paul Le Blanc) qui augmentent encore la valeur de ce remarquable dessin dont je suis heureux ici de remercier l'auteur.

(3) Cf. P. Le Blanc. *Les Inondations de l'Allier*, Watel, 1902, in-12°, p. 11.

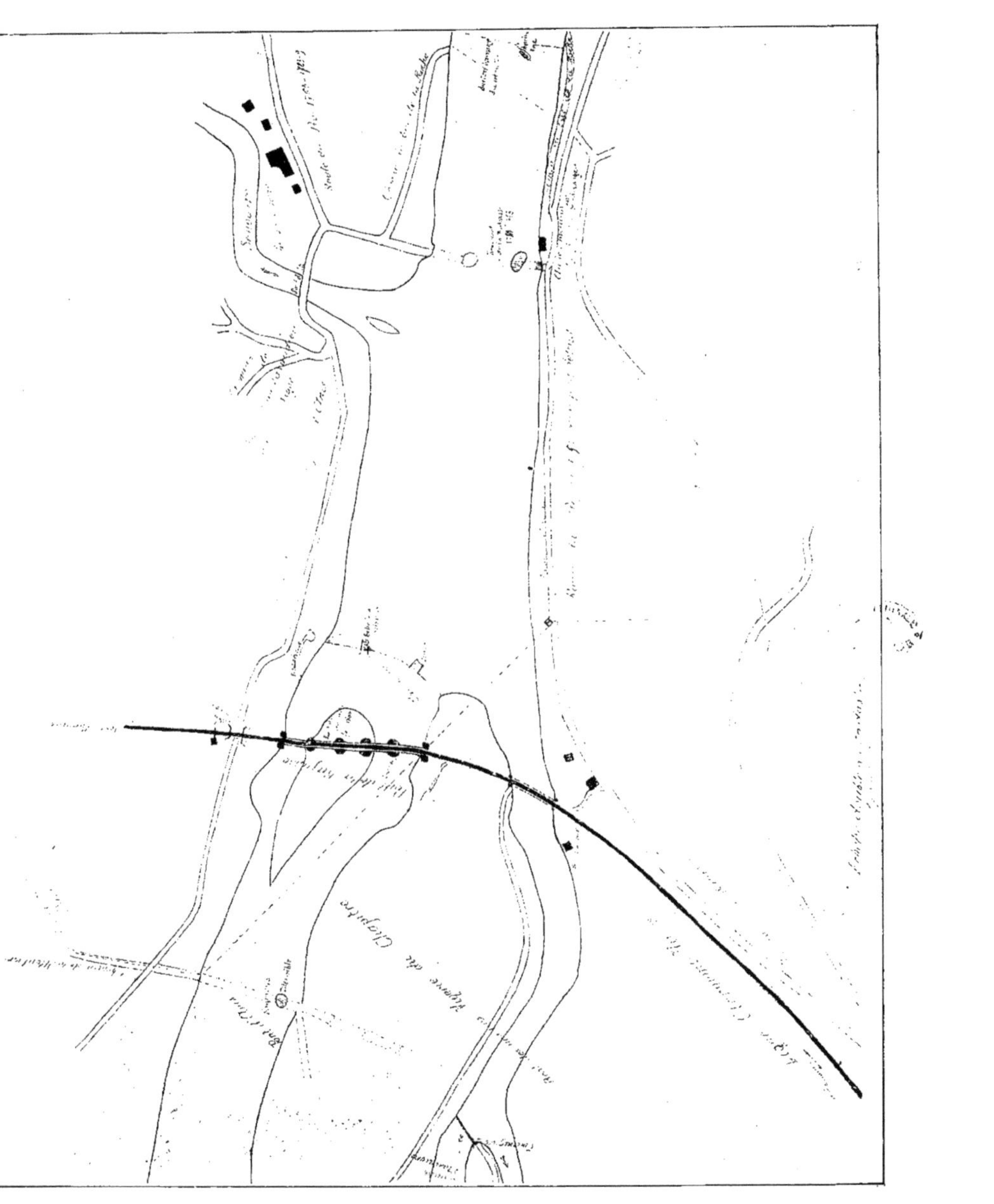

y avoir à leur sujet bien des disputes car la limite de la seigneurie de Vieille-Brioude était voisine, les naufrages fréquents et les installations précaires.

Mais vers 1765 fut achevé le pont de la Bajasse entrepris par les frères Raimbaux (1) et qui rendit inutile ces dangereux moyens de transport; pour peu de temps hélas! car il s'effondrait en 1783 (2) était repris cinq ans plus tard et peu après définitivement sapé par une crue simultanée de l'Allier et de la Senouire.

Gués, bacs ou ponts suivant les époques, voyageurs et romieux, on les voit, vieilles choses et vieilles gens dans le décor actuel de la Bajasse, dont il faut retrancher l'horrible viaduc obsédant. Cependant il ne subsiste plus rien aujourd'hui de la cabane ou « tonne » que messieurs les chanoines, au terme de leur course, prennent pour base d'opération. Cette maison d'été, que l'on trouvera indiquée sur le plan hors texte, s'élevait sur la rive gauche et en aval de la léproserie de la Bajasse (3) installée depuis le XIe siècle sur la rive droite de l'Allier. Le lieu de délassement des puissants de la terre se trouvait presqu'en face de l'asile des proscrits. Et c'est entre ces deux pôles du bien être et de la souffrance humaine que messieurs les chanoines vont se livrer à la pêche.

Les digues du chapitre, en effet, faisaient alors l'office du barrage actuel. D'après un document original : « en 1761 on voyait encore divers vestiges de pelliere plus ancienne et plus rapprochée des ruines du vieux pont. Et, en effet, il n'est pas probable

(1) Les Raimbaux étaient originaires de Lanteuil, diocèse de Bayeux. Germain Raimbaux qui se qualifiait d'entrepreneur et d'architecte s'était établi à Lezoux en 1738 par son mariage avec Gilberte Constancias. François Raimbaux dans une pièce de 1750 se qualifie d'architecte résidant à Paris. Vers 1749 François et Germain Raimbaux construisaient le pont de La Bajasse (note de M. P. Le Blanc).

(2) Cf. *Inondations de l'Allier*. (Ouv. cit.) p. 37.

(3) La léproserie de la Bajasse déjà fort abimée en 1789 *, a été, m'a-t-on dit, complètement défigurée par son propriétaire actuel. Cette léproserie avait été fondée en 1161 par Odilon de Chambon, chanoine de Brioude. On trouvera dans l'ouvrage de l'abbé Peyron (*Histoire de la léproserie et du prieuré de la Bajasse* (1150-1900) le Puy, Prades-Freydier, 1899, in-18°) de curieux renseignements sur ses rapports ecclésiastiques avec le chapitre de Brioude.

* Il existe à l'hospice de Brioude un Christ dit lépreux qui, suivant la tradition, viendrait de cette léproserie et aurait été recueilli là au moment de la Révolution. M. Paul Le Blanc ne voyait en lui qu'un Christ flagellé qui, jadis, aurait orné la porte de l'hospice Saint Robert à Brioude. Cf. cependant, *Almanach de Brioude*, 1922, p. 41, l'article de M. le chanoine Crégut.

que cette écluse qui barre entièrement l'Allier ait pu subsister quatre siècles sans être emportée par une rivière d'autant plus rapide qu'elle coule dans une plaine, au sortir des montagnes qui ont respecté son lit (1) ». Mais diligemment construite et entretenue la digue de la Bajasse a toujours opposé le même obstacle à la remontée des poissons migrateurs. Toujours au dessous d'elle la rivière fut un véritable vivier, et les exploits sportifs de messieurs les chanoines ne suffirent jamais à en épuiser les ressources. Après le déjeuner dinatoire il est probable qu'un chanoine ne songeait plus à la pêche mais à se retirer quietement, *in angulo cum libello*, en attendant l'heure de vêpres ou de l'assemblée capitulaire ou du dîner confortable que l'on nommait jadis le souper. D'ailleurs on ne peut pêcher tous les jours! Et cependant l'afflux du saumon est constant à certaines époques : pour en jouir de façon exclusive, en dehors de toute distraction, le chapitre dut faire aménager son domaine fluvial.

*
* *

Les « avaloirs » permettaient à leur possesseur de tirer automatiquement et sans peine de la rivière, un fort estimable parti. C'étaient des pièges placés aux extrémités des digues barrant les cours d'eaux fréquentés par les poissons migrateurs. Leur description très complète a été donnée au XVIIIe siècle par Alléon Dulac. Cet auteur a pris soin de nous avertir que son plan des avaloirs « est de la plus grande exactitude » et que (son ouvrage (2) parut en 1765) « c'est peut-être pour la première fois qu'on le donne au public ». Ceci est d'ailleurs étonnant car les pièges à poissons étaient connus et employés au moins dès le XIVe siècle et les avaloirs que put étudier Dulac sont, sans aucun doute, ceux qui étaient établis près de Lyon, sur un barrage de la Loire, dont

(1) Le sens de cette phrase est difficile à saisir. Peut-être faut-il entendre que les montagnes ont forcé l'Allier à respecter son lit; tandis que dans la plaine la rivière a toute facilité pour se déplacer. Un document contemporain de la pièce citée ci-dessus constate vers la Bajasse une dérivation de « 40 à 45 toises sur le côté méridional ». On pourrait multiplier de tels exemples. Ce n'est pas ici le lieu.

(2) Alléon Dulac, avocat aux Parlements et aux Cours de Lyon. *Mémoires pour servir à l'histoire naturelle* des provinces de Lyonnais, Forez et Beaujolais. Lyon, Claude Cizeron. Alléon Dulac a donné son nom à une rue de Saint-Etienne.

l'existence est implicitement constatée par un document du XVIe siècle cité au chapitre précédent (Cf. Chap. Ier. Page 13, notes 1 et 2). On envoya, selon cette pièce datée de 1509, un patissier de Lyon : « sur l'escluse de la rivière de Loire sercher des saulmons » il y a apparence que cette écluse était bien munie de pièges à saumon. D'ailleurs l'emploi de ces engins était assez général. Il en existait à Chateaulin, en Basse-Bretagne, où suivant M. Deslandes (?) (cité par Valmont-Bomare, *Dictionnaire d'hist. nat. V° saumon*) (1), il se prenait jusqu'à 4000 saumons par an. On trouvera en appendice le texte de Valmont-Bomare sur les avaloirs de Chateaulin, ainsi que le résumé avec plan à l'appui de l'article infiniment plus détaillé de Dulac. Je pense que ces descriptions peuvent donner une idée des *montants et descendants*, autrefois installés à la Bajasse, au sujet desquels nous n'avons pas grandes précisions historiques ni autres.

Le seul document qui, à ma connaissance, fasse mention expresse de ces *montants* ne remonte qu'au XVIIIe siècle. C'est la relation d'un procès, auquel nous reviendrons, survenu en 1750. Pourtant, sans aucun doute, ces pièges à poisson étaient d'institution fort ancienne. Un acte du XVe siècle (communiqué par M. P. Le Blanc) prouve l'existence, avant même cette époque, de *montants et descendants*, à la Voulte (2). Il existe de cette pièce une rédaction latine assez incorrecte et une rédaction en bon français dont voici les passages intéressants :

« L'an 1421, le dernier jour du mois de juillet, révérend père en Dieu dom Vénérand de la Farge a donné à bail d'emphythéose ou rente perpétuelle, les moulins de la Voute avec leurs escluses et décharges à Vital et Jehan Arfeuille...... et a été convenu que lesdits emphythéotes feraient dans l'escluse desdits moulins *deux descendans* pour la pêche, *dans l'endroit où ils étaient auparavant* et un *montant* (3) si cela est possible, moyennant quoi la moitié du poisson appartiendra audit seigneur prieur et à ses successeurs et l'autre moitié auxdits emphythéotes. »

(1) Ouv. cit. Cf. Chap. Ier. Page 4, note (4).

(2) La Voûte-Chilhac près Brioude. Cf. sur le prieuré de La Voûte, *Notices historiques sur La Voûte-Chilhac*, par M. le chanoine Eymère. Le Puy, imprimerie de l'*Avenir de la Haute-Loire*, 1913, in-12°. T. II passim et p. 12-37.

(3) Le mot « montant » et le mot « descendans » qui précèdent figurent dans le texte latin sous les formes, évidemment barbares, de « montat » et « descendentia ».

Il est peu probable que Brioude ait été en retard sur la Voûte pour l'établissement de ses avaloirs. Mais à quelle époque exactement peut-on situer l'installation primitive ? Sans doute au XIVe siècle, en l'année 1312 où, par permission du roi Philippe le Bel, fut construite la première pellière à la Bajasse.

Cette époque semble bien avoir été, si l'on peut ainsi dire, l'âge des avaloirs. Ces pièges font alors leur apparition dans toute la région. Voyons l' « Arrentement par Bertrand de la Tour, évêque du Puy et Pierre Nozières, prieur de Chamalières, de l'écluse de Confolent (1) établie sur la Loire *pour la pêche du saumon* ».

Cette pièce (2) est datée de la « chambre de l'évêque du château de Monistrol, 23 mars 1375 » (n. st.).

Elle indique que l'écluse de Confolent venait alors d'être terminée et pourvue de dispositifs pour la capture du saumon. Elle donne en outre les renseignements les plus curieux sur le mode de location des avaloirs.

Il est convenu dans ce bail qu'un quart des saumons pris ira à l'évêque du Puy, un autre quart au prieur (Pierre de Nozières) et le reste aux fermiers de l'écluse (Jean Mazelle, prêtre de Confolent et Jean Chasanova); et en outre :

« Que les autres poissons qui seront pris dans les avaloirs (*in passeriis salmonaribus*) seront partagés de la même façon entre les mêmes personnes susdites.

« Que tous les poissons qui seront pris sur cette écluse, en dehors des pièges à saumons (*passerios salmonares*), devront revenir aux susdits fermiers.

Enfin et ceci atteste une haute prévoyance :

« Que si le susdit évêque avait besoin d'un ou de plusieurs *saumons* ou poissons, en plus de sa part déjà déterminée ; à condition d'en donner et acquitter un prix juste et modéré aux susdits fermiers, il pourrait recevoir ou faire prendre du saumon et

(1) Confolent se trouve exactement au confluent du Lignon avec la Loire. Le site est extrêmement pittoresque, entouré de rochers escarpés. Il ne reste plus aujourd'hui aucun vestige de l'écluse en question.

(2) Je dois ce précieux document, comme d'autres qui suivront, à M. Jacotin, archiviste de la Haute-Loire. Je suis heureux de pouvoir témoigner ici toute ma reconnaissance à M. Jacotin, dont l'obligeance est inépuisable. Voir en appendice le texte latin du document (Archives de la Haute-Loire, G. 107, *original en parchemin*).

autres poissons pris dans la susdite écluse et destinés à être vendus, toutes les fois qu'il en aurait besoin et que bon lui semblerait, sans difficulté aucune, au gré de sa volonté. »

Les évêques du Puy étaient fort friands de saumon. En 1387 (1), leur receveur à Monistrol et à Mons, Etienne Ulmati, mentionne l'expédition qu'il a faite à Avignon — où se trouvait alors son seigneur l'évêque — de trois saumons achetés à Saint-Victor-sur-Loire.

Le 13 septembre de la même année, le compte d'Abdon de Jagonzac (2), receveur de l'évêché du Puy à Charbonier, fait état de deux saumons perçus à titre de cens sur les pêcheurs de St-Etienne-du-Vigan.

Les chanoines de Brioude qui, rappelons-le, avaient le privilège exclusif de la pêche dans toute l'étendue de leur justice, n'avaient à percevoir, comme droit, que le fermage de leur avaloir. Il est donc probable qu'ils s'en réservaient une part en nature. Mais rien ne peut nous renseigner sur ce point : Le document de 1750 auquel j'ai fait allusion plus haut (relation d'un procès entre le chapitre et le seigneur de Vieille-Brioude, communiquée par M. Paul Le Blanc) débute ainsi :

« En 1750 ou 1751 il s'éleva une contestation entre Mgr le duc d'Orléans, comme seigneur de Vieille-Brioude et le chapitre de Brioude. Mgr le duc prétendait que la pellière des moulins de Brioude était dans les limites de sa justice, et, par conséquent, le juge de Vieille-Brioude était compétent d'informer de l'insulte faite

(1) Archives de la Haute-Loire, G. 103. (Communication de M. Jacotin). Compte d'Etienne Ulmati, receveur de l'évêché du Puy à Monistrol et Mons. 1387.

« Item, pro tribus salmonibus emptis in loco sancti Victoris * quos conducere feci « apud Avinionem dicto domino meo [episcopo] de voluntate nobilis Ludovici, « bajuli Monastrolii et decostaverunt tam pro emptione quam portu XII franc II « gross dimidii. » (Fol. 123 v°).

« Item plus tradidi Matheo Fichalausa qui portavit salmones apud Avinionem III « b uttones. » (Fol. 123 v°).

(2) Id. Compte d'Abdon de Jagonzac, receveur de l'évêché du Puy à Charbonnier. 13 septembre 1387 :

« Item, computat de duobus salmonibus censualibus quos precipit apud Sanctum « Stephanum ** cum piscaturis dicti loçi solverunt dicti piscatores dicti salmones. » (Fol. 158 v°).

* St-Victor-sur-Loire.

** St-Etienne-du-Vigan.

à MM. Maigne, marchand et Nozerines cadet, bourgeois, sur la pellière par Charreyre, meunier du chapitre, à *l'occasion des montants et des descendants* pour lors *affermés* à MM. Dejax et Nozerines (1), chanoines dudit chapitre de Saint-Julien; Gueyffier de Longpré (2) et Dalbines, avocat, sous le nom de Lagrange (3). »

Rien dans la suite de cette pièce ne vient apporter une précision sur la rédaction du bail des avaloirs. Les *Comptes de la prévôté* ne mentionnent aucune somme non plus qui s'y rapporte.

Voici encore, à défaut de documents directs, les conditions d'une prise à bail de pêche dans la Loire qui montre à nouveau l'importance que l'on accordait au saumon dans tous actes analogues : (Extrait des minutes de Mathieu Gérentier, notaire) (4).

10 novembre 1669. — Affermage par Philippe Charroas, veuve de Gaspard Gérentes, baile de la Cour, commune du Puy, à Charles et François Bertrand, du lieu de Charensac, « de la faculté de pescher, en la rivière de Loire, depuis le pont de Brives jusqu'au Bas françois, à toute sorte d'arnoix fors excepté l'esparvier » pour

(1) Les familles Dejax et Nozerines prenaient rang parmi la meilleure bourgeoisie de Brioude. Le chanoine Nozerines, dont il est question ici, était un chanoine hebdomadier. Ses vertus étaient cause qu'on le désignait toujours par l'appellation « Nozerines le saint » et qu'il fut inhumé, par faveur spéciale, dans l'église de Brioude, lors de sa mort qui survint en 1757. Sa tombe respectée en 1793 subsiste encore au milieu de la grande nef, à la hauteur des premières travées *.

M. Henry Mosnier a consacré à cette homme vénérable une intéressante notice. Cf. *Nozerines, aumônier du roi*; Tablettes du Velay, t. IV, p. 383. — Le Puy, Bérard, 1874, in-8°.

(2) La famille Gueyffier, ancienne à Brioude, se divisa en plusieurs branches. Les Gueyffier de Longpré formaient l'une de ces branches. Une autre était celle des Gueyffier de Talairat qu'on aura plus loin l'occasion d'étudier en la personne de son dernier descendant : le baron de Talairat.

(3) .... « Le chapitre prétendant au contraire que la pellière était dans les limites de sa justice déclinait la compétence du juge de Vieille-Brioude : M. de Balliche, intendant général de Mgr le duc d'Orléans, et MM. du chapitre s'assemblèrent pour vérifier les titres qui pouvaient éclaircir les difficultés survenues. Mais, ne pouvant s'entendre, MM. Mottet ** pour le chapitre et Dupont pour Mgr le duc furent chargés d'un appel de titres et de dresser un plan *** et un rapport.

(4) Non paginées (Archives de la Haute-Loire). Communication de M. Jacotin.

* Seuls les chanoines nobles pouvaient être ordinairement inhumés dans la collégiale.

** Léonard Mottet, notaire et féodiste, bailli de la commanderie de St-Jean de Brioude, des terres et seigneuries de Chanteuge, Thorax et Saint-Symphorien. Issu d'une vieille famille de l'Ile-de-France, il s'était fixé à Brioude et y avait épousé le 28 février 1740 Marie-Madeleine Guitont.

*** C'est d'après un relevé de ce plan qu'a été indiquée, sur la planche reproduite ci-devant, la limite des seigneuries de Brioude et de Vieille-Brioude.

quatre ans et moyennant la somme annuelle de 40 sous et l'obligation « de porter les *salmons* qu'ils prendront en ladite rivière à ladite damoiselle » et de payer « la leyde du poisson qu'ils porteront vendre au Puy ».

On voit qu'en dehors des saumons, réservés par Philippe Charroas, la valeur du fermage est assez faible. Les poissons d'autres espèces pris par les Bertrand rémunéraient plutôt la peine qu'ils prenaient à pêcher et à porter les saumons « à ladicte damoiselle ». Ces saumons représentaient à eux seuls une somme rondelette.

On prendra une idée de ce que peut rapporter un fermage de pêche salmonifère, par certains endroits du *Journal de comptes* (1) tenu par Joseph Costes, régisseur des terres de Pont-du-Château, Malintrat et Lignat.

Ce *Journal* permet de voir à peu près exactement le « tableau » de pêche, pour cette partie de l'Allier (2), pendant la saison de 1748.

« Le 5 février, écrit Joseph Costes, j'ai donné à Gilbert Parot, au Muret, fermier des Bouchalliers, et qui m'ont apporté le *premier saumon* qu'ils ont pris, appartenant en entier à M. le marquis — aussy bien que le second — la somme de 3 livres pour boire à la santé de M. le marquis. Ce saulmon pèse 9 livres. »

Ainsi à Pont-du-Château, la capture du premier saumon était une heureuse aventure. On buvait alors à la santé de M. le marquis! En cette année 1748, le marquis (de Montboissier) fit un cadeau de la belle pièce sus mentionnée.

« Ledit jour (6 février), note le régisseur, j'ai envoyé à M. de Chabrol à Riom, suivant les ordres de M. le marquis, le premier saulmon qui fut pris hier par les fermiers des Bouchalliers. J'ai donné 15 sols à Denys Dragon qui l'a apporté et qui n'est revenu qu'aujourd'hui. »

Grâce à la minutie de Costes, nous savons que le deuxième sau-

(1) Archives du Puy-de-Dôme, série E. Fonds Montboissier. Les intéressants extraits qu'on va lire m'ont été communiqués par M. G. Rouchon, archiviste du Puy-de-Dôme, que je prie de vouloir bien trouver ici l'expression renouvelée de ma gratitude bien vive.

(2) Au XVIIe siècle il fut question de régulariser le cours de l'Allier dans cette région Mais il aurait fallu abattre le barrage de Pont-du-Château, qui rapportait au seigneur du lieu divers droits de péage et « des droits de pêche du saumon frais qui remonte jusqu'au dit lieu ». Mémoire concernant la généralité de Riom et la province d'Auvergne dressé par ordre du duc de Bourgogne en 1697. (Note de M. Bertrand).

mon de l'année fut pris huit jours plus tard. L'intervalle des captures est assez long, comme on le voit. Mais la saison ne faisait que commencer. Un mois plus tard, le 7 mars, le *Journal de comptes* mentionne « la somme de 228 livres, prix de 114 livres de saulmons en 7 pièces... vendues et livrées le 26 février dernier.... de laquelle somme doit être tenu la moitié aux Bouchalliers à compte de l'afferme. »

Remarquons ici que la propriété fluviale de Pont-du-Château était louée dans des conditions analogues à celles que nous avons vues stipulées dans l'arrentement de l'écluse de Confolent. Une moitié du saumon appartient au propriétaire de la pêche, l'autre moitié au locataire. Lorsque le poisson est vendu en bloc, son produit est partagé en deux. Mais les pièces peuvent être cédées séparément :

« Le 23 mars, écrit Joseph Costes, j'ay reçu la somme de 30 livres « pour le prix d'un saumon pesant 10 livres vendu et délivré pour « M. de Mauriac (1) de Clermont ».

Plus loin mention est faite de : « plusieurs autres saumons de 9 à 16 livres » vendus en mars 30 sols, 39 sols la livre ; en avril 11 sols, 27 sols la livre. En mai on trouve dans le *Journal* l'indication de nombreuses ventes faites aux Minimes de Beauregard, ainsi que cette note :

« Le 6 may 1748, j'ay reçu de M. le curé de Lempdes et de Martine Vachier Joliet, veuve de Quintien Paris, la somme de 33 livres 5 sols pour le prix de 3 saumons que *j'ay surpris en faisant une perquisition dans le batiment des vieux moulins que fréquentent les Bouchalliers.* Le premier pesant 14 livres, à 15 sols la livre et les autres pesant ensemble 35 livres, à 13 sols la livre. Ces trois saumons ont été soustraits par les Bouchalliers ».

Josephe Costes était un régisseur intègre. Il est permis néanmoins de supposer que nombre des saumons pris à Pont-du-Château échappèrent à son contrôle, et que les pêcheries placées sous sa garde avaient, à son époque, un maigre rendement. Rendement qui tomba à rien aux environs de 1789, le barrage de Pont-du-Château ayant été emporté par une crue. Mais le baron de Fre-

(1) Sans doute M. de Montrozier de Mauriac, receveur des tailles (Note de M. G. Rouchon).

nilly, dans ses « Mémoires », rapporte que les saumons furent pêchés depuis lors en bien plus grand nombre à la Voûte !

Les coins de pêche le long de l'Allier ont dû varier ainsi suivant l'état des barrages successifs. Issoire, qui le croirait, eut au milieu du XVIIIe siècle une certaine réputation.

Valmont Bomare, dans son *Dictionnaire d'histoire naturelle* (1), paru en 1791 écrit, *vèrbo* saumon :

« On vante les saumons de la Tamise, du Rhin, de la Moselle, de la Garonne, même ceux qui remontent de la Loire jusque dans l'Allier près d'*Issoire où il y a une belle pêcherie* ».

*
* *

Pour Brioude nous n'avons pas de semblables témoignages. Et les documents antérieurs à l'époque Révolutionnaire, n'existant plus ou presque, il est difficile de les suppléer. Mais on peut dire d'une façon générale que, pendant les années terribles, les rivières furent exploitées sans mesures, les manants s'étant rués à la chasse et à la pêche qui leur étaient autrefois interdites.

Le docteur Matussière (2), un Brivadois d'adoption, écrivait aux environs de 1830 :

« Notre rivière n'est pas poissoneuse depuis quelques années. Les poissons qu'on y pêche sont le barbeau, le meunier, l'anguille, la lamproie que nous n'estimons point, la vendaise, l'ombre, rarement la truite et plus rarement la carpe. *Le saumon y était autrefois commun*, mais *aujourd'hui il est rare et cher* (3). Il se vend 3 fr. et même 4 fr. la livre et *des vieillards l'ont vu* vendre 40 cm. 50 cm. et même 25 cm. ».

Or les vieillards de 1830 avaient vingt ans en 1789. Leurs souvenirs de jeunesse se rapportent donc à la période révolution-

(1) Ouvr. cité, Chap. Ier, p. 4, note 4.

(2) Jean-François Matussière, docteur en médecine de la faculté de Montpellier du 4 juin 1789, fut longtemps chirurgien aux armées. Il vint après sa retraite s'établir à Brioude où il mourut le 29 janvier 1846 à l'âge de 79 ans. Il laissa une *Topographie médicale de la ville de Brioude* (Collection Paul Le Blanc), où se trouve le passage cité, p. 85 (*De la manière de vivre des habitants...*).

(3) Ces remarques sont justes et vraies pour toutes les rivières françaises. — Cf. Dr Louis Roule, professeur au Muséum national d'histoire naturelle, *Etude sur le saumon des eaux douces de la France*. Imprimerie nationale, 1920, p. 141.

naire. Et il n'est pas douteux que la modicité du prix du saumon à cette époque, n'ait eu pour cause le braconnage effréné, devenu pour ainsi dire légal.

L'attrait du fruit défendu n'était pas seul, en effet, à pousser les manants à la pêche :

« La violence avec laquelle on vit la Révolution se livrer à la gourmandise sembla être, pour le peuple, celle d'une première conquête sur les hautes classes ».

Ainsi s'exprime M. Jal (1), un homme bien informé qui connut Berchoux et Carême. Ses *Souvenirs d'un homme de lettres*, auxquels j'emprunte ce passage, montrent en cent endroits la ripaille populaire, la même par toute la France et aussi effrénée. Mais les agapes bourgeoises y ont aussi leur histoire.

« De 1796 à 1811, écrit encore M. Jal, on ne voyait partout que des sociétés mangeantes et chantantes, à commencer par la *Société des dîners du Vaudeville*, qui dans l'article 6 de sa constitution formulée en vers disait :

Champ libre au genre érotique,
Moral, critique ou bouffon.
Mais jamais de politique,
Jamais de religion
Ni de mirliton ! »

Brioude suivait le mouvement. La Loge maçonnique de Saint-Julien, fondée en 1744 par les chanoines-comtes, était tombée en sommeil pendant la Révolution. Mais dès 1806 elle rouvrait ses portes.

Son règlement (2) fait « au nom et sous les auspices du Grand Orient de France pour la révérende Loge de Saint-Jean, sous le titre distinctif de Saint-Julien à l'O.·. de Brioude » comporte (Chap. II, Section II) les importantes dispositions suivantes :

(1) *Souvenirs d'un homme de lettres* (1795-1873). Paris, Techener, 1877, in-12. Cf. passim et p. 223.

(2) Grand placard manuscrit bordé de noir, divisé en colonnes, portant en bas à droite, au fond de la dernière colonne, le seing de cire rouge de la Loge de Saint-Julien et la note suivante :

« Arrêté de transcrire sur la planche à tracer le 20e jour du 3e mois de la V.·. L.·. 5802 et de l'ère vulgaire : le 30 floréal an 10° suivant la délibération dudit jour ».

Signé : Dalbine vénérable,
Vital-Borel, fre.

Du banquet.

Article premier. — Les frères assisteront aux banquets, dans le même ordre qu'aux travaux.

Art. 2. — Il y aura sept santés d'obligation :

1° Celle du gouvernement et des gouvernants ;

2° Celle du Grand Orient de France et de tous les Orients étrangers ;

3° Celle du grand vénérable, de tous les vénérables, spécialement du vénérable de la loge ;

4° Celle des surveillants ;

5° Celle des dignitaires (1) ;

6° Celle des visiteurs ;

7° Celle de tous les maçons à laquelle les frères servants seront admis.

Art. 3. — Les autres santés seront laissées à la disposition du vénérable.

Art. 4. — La surveillance du frère nourricier (2) est spécialement confiée à un commissaire particulier.

Art. 5. — Les frères qui ne pourront se rendre à l'invitation du secrétaire sont obligés d'envoyer au frère commissaire la planche de convocation trois jours avant l'époque de la séance.

Art. 6. — Le commissaire donnera ses ordres au frère nourricier d'après les lettres qui lui auront été renvoyées et les frères qui auront négligé cet envoi seront tenus présents.

Art. 7. — Le commissaire sera tenu de donner aux trésoriers la note des absents qui n'auront pas renvoyés leurs lettres.

C'était on le voit gentiment ordonné. Les frères maçons avaient donc des obligations gastronomiques. Mais pas d'obligations sans sanctions. A la fin du règlement, (Chapitre troisième. Section II. *Des peines*) se trouvent indiquées les mesures prises contre les contrevenants aux précédents articles :

Art. 3. — Tout frère qui n'aura pas renvoyé au commissaire son avertissement trois jours avant le banquet, en payera le prix quoique absent.

(1) Les dignitaires étaient : l'orateur, le secrétaire, le trésorier, l'expert, le garde des sceaux, le maître des cérémonies, l'hospitalier aumônier. (Ce dernier chargé de visiter les F.·. malades, de centraliser et de répartir les secours entre les F.·. nécessiteux).

(2) On voit que la confiance ne régnait pas entre F.·.. En 1783 le F.·. nourricier s'appelait *Léger* dit Bourguignon. En 1805, après la réorganisation de la Loge il se nommait Pradier, était aubergiste à Brioude.

Art. 4. — Ceux qui n'assisteront pas aux Loges de Saint-Jean et de Saint-Julien ne pourront en aucun cas se dispenser de payer le prix du banquet.

Art. — Tout frère qui se permettra au banquet des licences condamnables, même en récréation, comme de faire des signes dérisoires des signes maçonniques, jetter du pain, paiera pareillement, après la récidive, une amende de vingt-quatre sols.

Il y a dans toute cette législation un souci d'économie et de discipline vraiment remarquable. Il ne rentre pas dans mon dessein de faire une histoire de la franc-maçonnerie à Brioude, aussi ne puis-je m'étendre beaucoup. Cependant il faut dire que le grand nombre des affiliés à la Loge rendait sans doute nécessaire cette minutie des règlements. A Brioude, en effet, tout le monde fut maçon. Et même les gentilshommes châtelains des environs se firent inscrire à l'O.·. de cette ville. Mais, par là-même, la Loge de Saint-Julien se trouva être de composition trop disparate pour que la gaieté, laquelle a des modes divers, puisse y devenir unanime. Comme on s'en rend compte par l'examen des statuts, l'objet de la Loge n'était pas alors autre que de rassembler des « citoyens », des frères, dans des réunions intimes. Les membres les plus délicats de l'association ne tardèrent pas à souhaiter des plaisirs plus distingués et plus fréquents. Ce désir engendra la *Société épicurienne de la Haute-Loire*, qui fut fondée, l'année même où la Loge rouvrait ses portes, par MM. de Pons (1) et Gueyffier de Talairat.

(1) Sur les contrôles de la Loge de Saint-Julien il était inscrit :

« Jean Luc Depons propriétaire à Brioude
Maître de cérémonie M.·.
Lieu de naissance... Frugères 4 mai 1770.

M. de Pons, dernier seigneur de Frugières * émigra et acheta au retour, après son mariage avec Mlle de Labro, une partie du couvent de Notre-Dame à Brioude. Mais son fils ayant épousé Mlle de Paulin du Roure, vendit Paulin pour acheter le château de Villard près du Puy. Et c'est dans cette demeure que mourut le dernier seigneur de Frugières, épicurien notoire, couché sur un lit de sarment, par esprit de pénitence.

M. de Pons était l'oncle de Mme la comtesse de Wagner, lectrice de l'Impératrice Eugénie.

* Frugières-le-Pin, commune de l'arrondissement de Brioude, canton de Paulhaguet.

Il faut silhouetter ici Jean François Gueyffier (1), baron de Talairat, tel qu'il était à l'orée du XIXe siècle. D'aucuns, qui se souviennent l'avoir vu, le montrent vêtu à l'ancienne mode, portant des boucles d'oreilles, affable et original. Grand faiseur de petits vers, dont il farcit les *Almanachs* de l'époque, égrillards ou philosophiques ; grand amateur de romances et gaillard coureur (2) d'aventures ; avec cela féru de politique, il vécut toute sa vie en parfaite *girouette*, orienté dans le sens du vent. C'est ainsi qu'il recueillit à plein dans ses voiles, pour se pousser encore de l'avant, l'orage révolutionnaire. Mais plus tard l'avènement de Napoléon ne le prit point au dépourvu. Peu lui importait de boire à l'Empereur ou à la République pourvu qu'il remplit son verre du vin de Mazerat. Son père avait fait figure de premier bourgeois de Brioude, avant 89. Il s'en souvint. Ne laissant dépasser qu'à peine sa carmagnole, prêt à la cacher tout à fait, « Werther » Talairat reprit la tradition familiale, et c'est ainsi que le ventre à table et la tête aux chansons il attendit le retour et les faveurs (3) de nos monarques légitimes.

Toute l'histoire de la *Société épicurienne* est liée à la sienne. Il est l'âme des réunions. Et c'est lui sans doute qui a rédigé ce « PROCÈS-VERBAL » — que j'ai sous les yeux — *De la vingt-deuxième séance tenue le 7 novembre 1810, au Rocher* d'ÉTRE-

(1) Jean François Gueyffier-Talairat, plus tard baron de Talairat, appartenait à une vieille famille bourgeoise dont l'existence à Brioude est prouvée par documents écrits depuis la deuxième moitié du XVIe siècle. Son père fut Jean Gueyffier, subdélégué de l'Intendance d'Auvergne, et sa mère Marie-Henriette Marie, veuve Alluys. Il naquit à Brioude le 19 avril 1766 et y mourut sans postérité le 3 juillet 1850.

Sa riche bibliothèque et des documents manuscrits importants, entre autres le *Journal* qu'il tenait depuis sa jeunesse, furent alors dispersés.

(2) Ce passage d'une de ses lettres datée de Brioude (11 avril 1794) caractérisera sa manière d'associer l'amour et le patriotisme.

Talairat, qui signe à cette époque *Werther* Talairat, demande à son ami Alluys à Paris de lui servir de Mercure :

« Ceci, ajoute-t-il, te paraîtrait faible et indigne d'un Républicain si ton cœur ne savait te convaincre qu'on peut se dévouer à sa patrie et chérir sa maîtresse. Ne séparons jamais ces deux objets, *On est, je crois, meilleur guerrier* * *quand on est tendre amant*. N'a-t-on pas alors à défendre des soins plus précieux que les siens ».

(3) Il fut créé baron par Louis XVIII (Ordon. du 26 décembre 1819).

* Il est à noter que Talairat se laisse volontiers entraîner par la grandiloquence de l'époque. Il a pris ici son uniforme de garde national pour celui d'un *guerrier*... Jamais Talairat n'affronta le feu même d'une escopette.

TAT (1)... de BRIOUDE *par la* SOCIÉTÉ ÉPICURIENNE DE LA HAUTE-LOIRE, l'*An cinquième* de l'ÈRE GOURMANDE.

Le premier quatrain, car ce procès-verbal est en vers, en couplets plus exactement, est celui-ci :

Air : *A boire, à boire, à boire,*

A table, à table, à table,
Le PRÉSIDENT d'un air affable
Vous appelle au nom de Comus
Et de Bacchus et de Momus!

Cette invite paterne est suivie de cinq autres couplets, sur des airs différents, où alternent les élans de satisfaction et des conseils de goinfrerie.

Le septième couplet doit donner une idée du menu :

Air : *Que vois-je? Ah quel jour radieux*
(ou) *Femmes voulez-vous éprouver.*

Que j'aime à voir l'ordre savant
Qui préside à chaque service :
Cet aloyau, ce vol au vent,
Ce fils des compagnons d'Ulysse (!)
Ce blanc manger, qui plait aux sens
Comme une vierge douce et pure,
Et cette truffe dont l'encens
Enivre un enfant d'Epicure.

Tout cela est dans la moyenne du raffinement. Je parle des mets car le style se passe de commentaires...

Mais sautons encore sept strophes pour venir au « coup du milieu ».

Le beau sexe est alors admis dans « le saint-lieu » et les équivoques grivoises dans le procès-verbal qui atteint à l'obscénité avec un *Erratum* que je m'excuse de ne pouvoir reproduire.

Le procès-verbal se termine ainsi :

Air : *Finissez donc cher Père*

Certifié véritable
Ce VERBAL INCROYABLE
Fait et clos au ROC D'ESTRETAT,
A *Brioude*, un jour de Sabbat

(1) Le *Roc d'Étretat* se trouvait être alors le restaurant Ossandon devenu par la suite l'*Hôtel du Nord*.

L'an cinquième de notre ère
Et de la bonne chère.

Pour extrait signé : TALAIRAT,
Président,
DEPONS,
Secrétaire.

Je ne sais pas si chaque semaine — les réunions étaient hebdomadaires, — le président se mettait pareillement en frais. Mais il est certain qu'une telle pièce est assez caractéristique de cette « vieille gaieté française », un peu alourdie cependant, qui jaillissait comme de source dans une réunion d'honnêtes gens autour d'un menu plantureux.

Ainsi, pendant que Brillat-Savarin composait sa *Physiologie*, à Brioude on l'appliquait; mais, comme M. Jourdain faisait de la prose, sans le savoir. On peut le regretter. Car voyez la coïncidence : Le pays des belles écrevisses c'est Nantua... et c'est le pays de Brillat-Savarin. Et il existe une *Timbale d'écrevisses à la Nantua* dont le « Professeur (1) » disait : « Ce mets serait digne d'être servi à des anges s'ils voyageaient encore sur la terre comme du temps de Loth ».

Les membres de la *Société épicurienne* n'ont pas songé aux anges. Leurs descendants non plus...

Pendant la fin du XIXe siècle la vie provinciale connut un renouveau. Mais l'heure des raffinements est alors passée. La simplicité règne de plus en plus. Les relations sont fréquentes entre concitoyens. Les réceptions se multiplient. L'art culinaire n'avance pas...

Ici les souvenirs abondent sous ma plume. Les longues tables bordées de cols à bouts pointus et de hautes manches bouillonées m'apparaissent. Et aussi les francs rires et le gigot imposant, le manche entouré de papillotes. Je vois la sortie des invités. Les uns prenant leur voiture cahotante tirée par le vieux cheval au pas pesant. Les autres chaussant leurs socques, allumant leur

(1) C'est, on le sait, le titre que se donne Brillat-Savarin dans sa *Physiologie du goût*.

On trouve (p. 108) la recette de la *Timbale d'écrevisses à la Nantua* dans le remarquable ouvrage de M. Lucien Tendret, avocat à Belley : *La table au pays de Brillat-Savarin*. Belley, Louis Bailly fils, 1892, in-16.

lanterne et se raccompagnant, non sans aucune facétie à l'adresse des bourgeois endormis :

.....Et quand l'heure invite
A gagner son gîte,
On rentre bien vite
Ailleurs que chez soi (1).

C'est ce que l'on chantait à cette époque de bonhomie papelarde et vulgaire en se hâtant vers « son lait de poule et son bonnet de nuit ».

L'orgie révolutionnaire, farouche, avait eu çà et là, le premier moment de fureur passée, je ne sais quel reflet de bon ton. Le moule brisé de l'ancien régime avait répandu ses formes exquises à travers les bûchers et les échafauds qui n'avaient pu tout détruire. Longtemps les vestiges de la délicatesse passée avaient survécu épars. Mais au milieu des bouleversements sociaux dans de rares salons ils se conservaient. Et Béranger, avec son répugnant « Dieu des bonnes gens », devenait l'idole du jour.

*
* *

Le divertissement de la pêche, cependant, conservait pour les riches bourgeois un caractère presque seigneurial. Chaque amateur important commanditait un professionnel que l'on appelait couramment « Le pêcheur de M. un tel ». Ainsi une grande étendue de l'Allier sous Brioude pouvait être prise à bail par un certain nombre de pêcheurs en titre (2), ceux-ci mettant aux ordres de leurs commanditaires leurs services et leur bâteau.

Car la pêche « sportive » à cette époque est la pêche au trident et en barque. Il faut s'y livrer par un temps clair et calme. Les eaux basses sont favorables. Le bateau à fond plat ou « bachot » reçoit propulsion et direction d'un où deux hommes, debouts sur

(1) Béranger, *Premières chansons*. « Voyage au pays de Cocagne ».

(2) Il existait encore vers cette époque (aux environs de 1875) dans notre région des familles où l'on était pêcheur de père en fils ; et souvent pendant plusieurs générations au service de la même famille « patronesse », si l'on peut ainsi dire. Cette tradition professionnelle a maintenant tout à fait disparu. Les lots de pêche mis en adjudication sont pris directement à bail soit par des pêcheurs de profession, soit par des amateurs qui recrutent comme ils peuvent leurs équipages.

la poupe, et manœuvrant des « bourdes », sortes de longues perches ferrées dont ils prennent appui sur le fond de la rivière. L'amateur et son pêcheur, l'un guidant l'autre muni du trident ou « fouïne (1) », se tiennent sur la proue. Ils se font conduire à leur gré sur les eaux.

Un saumon est-il en vue? Vite l'embarcation manœuvre pour mettre le trident à même de l'atteindre. Alors, en général, le poisson s'échappe. Il faut le poursuivre et, d'abord, la grande affaire est de ne point le perdre de vue. Le saumon, en effet, ne nage pas régulièrement. Il procède par bonds; s'arrête de place en place; se réfugie sous des pierres. On n'en vient à bout qu'en le fatiguant, en le contraignant à prolonger son repos jusqu'à l'instant fatal du harponnage.

Tout cela ne va pas sans émotions. Cette manière eût son intérêt. Les riverains même se passionnaient pour son spectacle. Perchés sur les arbres et les talus ils signalaient le passage du poisson par des cris et des jets de pierre, jouaient à qui mieux mieux le rôle de rabatteurs.

Toute pêche a ses modalités. Nocturne, par exemple, celle-ci est illicite, mais beaucoup plus productive : Un fanal suspendu à l'avant de la barque attire les poissons qui deviennent alors des proies faciles. D'ailleurs le noctambulisme aquatique requis est, paraît-il, fort divertissant. Je soupçonne même de parfaits amateurs de s'y être laissé entraîner séduits par le mystère, l'émotion d'une surprise possible; peut-être aussi par le mirage des eaux sous la lanterne et les apparitions fantasques des poissons.

La pêche au trident au poste s'accommode de pareils artifices. Même lanterne fascinatrice, la nuit, lorsque perché dans une tête de saule le braconnier, harpon au poing, guette sa proie. Ainsi l'homme peut-il la choisir, l'atteindre sûrement, la capturer de haute lutte, allant même jusqu'à plonger, à lutter corps à corps avec elle pour lui enfoncer finalement un couteau dans les ouïes. Le trident, en hiver, va encore chercher le saumon avide d'air par les trous creusés dans la glace. Mais son emploi est plus courant, au poste en plein jour et rien n'est plus pittoresque qu'un

(1) « Bachot », « bourdes », « fouines », sont les expressions employées dans le pays.

vieux Neptune dissimulé dans les branchages pendant vers la rive. Parfois aussi, quand la pêche est fermée, le braconnier prudent adopte une autre tactique. Il va d'un pas feutré le long de la berge scrutant les eaux, l'oreille au guet, partagé entre le désir de prendre et celui de n'être pas pris. Une perche est sur son épaule, le fer qu'elle emmanche, sous son habit. La transformation, à la vue d'un saumon, est facile, de cette gaule innocente en un harpon... et plus facile encore la réciproque, quand il y a du gendarme dans l'air.

Pour en finir avec les méthodes de braconnage, citons ici : Les lignes de fond, dont chacun sait le fonctionnement.

Les filets grands sanglons qui, posés subrepticement, barrent la rivière d'un bord à l'autre, du soir au matin, et retiennent en masse les poissons noctambules.

Les filets tramails ou « traines » manœuvrés à l'aide de cordes et qui opèrent de véritables rafles dans les zones du cours d'eau qu'ils balayent. Enfin les éperviers dont l'emploi, à la vérité, n'est pas illicite en lui-même mais comporte des réglementations qu'on n'observe pas.

L'épervier réglementaire (maille de 60 millim., poids maximum 14 kil.) ne doit être employé que le jour et à des distances du barrage supérieures à 30 mètres comptés de part et d'autre. Mais on truque le filet et on le jette ostensiblement tout près de la digue (1) ces vastes jupes de mailles, qui s'étalent sur l'eau, s'immergent toutes grandes, et capturent en se refermant les poissons aventurés sous leurs plis. Quelquefois, vers la place où va s'abattre l'engin, on envoie une pierre dans l'eau, afin d'attirer les poissons. La nuit un fanal balancé sur la rivière fait plus sûrement le même office. Surtout l'épervier donne des résultats miraculeux : en hiver lorsqu'on le jette par des ouvertures pratiquées dans la glace il capture le saumon qui veut respirer.

Mais le braconnier moderne connaît d'autres artifices. Il n'hésite pas à employer la dynamite et le chlorure de chaux, mal connus de ses devanciers. Il faut remarquer cependant que l'empoi-

(1) Tout récemment le *Syndicat des pêcheurs à la ligne de Brioude* avait fait installer tout près et en dessous du barrage de la Bajasse une série de crampons de fer immergés, destinés à rompre les filets des braconniers, mais ceux-ci ont plongé et enlevé les crampons.

sonnement des rivières a été fort anciennement pratiqué : on ne trouve pas sans étonnement dans une « autorisation (1) » de pêche dans la Loire, en date du *29 juillet 1716*, la condition « *de ne jetter en aucune saison le poizon*! » Quel était donc le poison employé, au début du XVIIIe siècle, contre les poissons d'eau douce? Je ne sais. Mais il existait. Il était redoutable puisque son emploi était prohibé. Rien n'est nouveau en la matière. Tous les procédés subsistent en se perfectionnant. On les retrouve tous à Brioude. Seulement aujourd'hui n'emploie-t-on plus le système, renouvelé des avaloirs, qui consistait à mettre une nasse devant le barrage de la Bajasse, à l'entrée du « grand portail », large écluse destinée autrefois au passage des trains de bois descendant l'Allier, et que l'on manœuvrait alors comme la trappe d'un piège. Cette méthode conduit à de trop grands ravages et lèse trop d'intérêts. Mais autrefois les pêcheurs peu nombreux, tous autochtones, s'entendaient facilement pour l'appliquer en commun.

*
* *

On verra un peu plus loin le nombre et la diversité des gens qu'attirent vers l'Allier le goût du sport ou l'appat du gain, ou d'aventure les deux à la fois. J'indiquerai là, dans une énumération, le braconnier né, le braconnier d'instinct. Or ce type, qui vaut la peine d'être noté, doit trouver sa place ici ; car on ne le rencontre plus dans son costume traditionnel. Il appartient déjà au passé.

Je m'avoue incapable de décrire ce que je n'ai pas vu. Mais on m'a si souvent parlé du « Père » X. où Y. que j'imagine sa face cuite par le soleil et les intempéries, comme son chapeau un vieux feutre noir rouge, auquel la rude barbe blanche, en collier, fait une jugulaire énorme et broussailleuse. Un tel homme porte des espadrilles, une courte veste noire et un pantalon de *tiretaine* (2),

(1) Minutes de Pierre Alirol, notaire (fol. 97) ; 29 juillet 1716. — Autorisation donnée par Aubry Vernier, aide sous fermier de la baronnie de la Voûte-sur-Loire, à divers habitants de Brives, de pêcher dans toute l'étendue de la Loire appartenant au vicomte de Polignac, à condition de ne se servir de tressoires que pendant l'hiver et « de ne jetter en aucune saizon le poizon » moyennant une somme annuelle de 8 livres 5 sous (Archives de la Haute-Loire, communication de M. Jacotin).

(2) La *tiretaine* était une étoffe de caractère absolument local. Le chanvre, matière première de sa fabrication, était cultivé sur place dans les champs voisins

étoffe rugueuse, chinée bleutée, coupée afin de bouffer à la jambe et de retomber sur la cheville, le bas étant retréci. La pêche et la fabrication de ses engins occupent exclusivement ce modèle du paresseux. Sa femme et ses enfants mènent une existence assez décousue : la famille vit de la rivière et du prix des poissons vendus. Mais d'autres, qui lui ressemblent fort, sont fermiers de pêche, louent leurs services, comme il a été dit, à un riche bourgeois qui les accepte : tant la frontière est difficile à tracer entre ce qui est permis et ce qui ne l'est point. Tant aussi la profession comptait peu d'adeptes parmi les « purs »...

Cela s'explique par ceci que le métier ne rapportait guère, à cause de la rareté du saumon à cette époque et de l'incertitude de sa rencontre. Certaines années, en effet, les aloses paraissaient dans l'Allier — seules — car le saumon ne coexistait jamais avec elles (les aloses ne jouissaient d'aucune considération dans le pays) (1) et les années où elles n'occupaient pas la rivière, le saumon reparaissait, mais en petit nombre.

On a gardé le souvenir de l'année 1873, où, pendant l'été, les eaux étant extrêmement basses, un seul pêcheur prit au trident sous le pont de la Mothe, 36 pièces dans sa journée. Cette pêche miraculeuse resta isolée. Les 300 livres de poisson qu'elle fournit purent être expédiées au Puy. Un hôtel, *le seul de la ville qui possédât une glacière*, acheta tout le lot au prix modique de 1 fr. la livre! Ce débouché fut aussi exceptionnel que la pêche elle-même, car, pendant toute la fin du XIXe siècle, l'exportation des belles pièces se faisait de façon irrégulière et primitive.

Les vendeuses, portant le ou les saumons à l'aide d'un jonc passé dans les ouïes d'un côté et lié à la queue de l'autre, allaient *elles-mêmes* livrer leur marchandise. Elles se rendaient le plus sou-

de l'Allier, dont la terre légère et riche d'alluvions, lui était particulièrement convenable. On le rouïssait dans la rivière. Puis il était « steuillé » à la veillée, en famille, au milieu des légendes et des chansons. Après quoi, les fibres séparées des fêtus ligneux étaient filées à la quenouille ; le fil roulé en pelotes. Et ces pelotes, livrées au tisserand, du village, étaient transformées par celui-ci en étoffe sur un métier primitif... On peut encore aujourd'hui voir (à Saint-Ilpize notamment) les derniers vestiges de ces tissages. Ils sont dans des caves humides, et cela parce que le fil étant livré au poids pour un aunage donné, il importe que le tissu ne sèche pas afin que le rapport reste constant.

(1) On a vu (Chap. Ier, p. 5) que l'alose fut autrefois fort estimée. A Brioude, il y a une cinquantaine d'années, ce poisson se vendait 75 à 90 centimes la livre.

vent à Clermont, rue de la Coifferie, chez les marchands de comestibles, ou bien elles allaient offrir au détail leur saumon débité en tranche à Brioude, même de porte en porte et dans les environs.

Certaines belles pièces étaient portées préférablement chez les gourmets qui composaient l'*Académie de Saint Julien*. Car si la *Société épicurienne* avait disparu avec le baron de Talairat vers 1830, sa tradition avait été reprise.

L'auteur d'un *Voyage fantaisiste et sérieux à travers l'Ardèche et la Haute-Loire* (1), le signalait en 1894 :

. . . « Il existe à Brioude, lit-on dans sa relation, une petite Académie locale sans caractère officiel appelée l'*Académie de Saint-Julien*, dont l'initiateur est notre savant confrère M. Paul Le Blanc . . . C'est l'idéal des sociétés littéraires . . . Point de président ni de secrétaire, les statuts eux-mêmes sont encore à formuler. Ses membres se réunissent où et quand il leur plait. L'été : le plus souvent, à l'ombre d'un vieil arbre. L'hiver, on discute autour d'une table chargée de mets traditionnels en buvant du Mazerat . . . »

On pense avec quelle faveur un saumon était accueilli sur cette table « chargée de mets traditionnels » ! D'ailleurs si le caractère de *l'Académie de Saint-Julien* était éminemment littéraire et scientifique, il faut dire qu'en ses dîners annuels (2) consistait le plus solennel de ses rites.

Je dirai même qu'en ces seules circonstances l'*Académie de Saint-Julien* prenait un semblant d'existence réelle. Hors de là, elle n'était qu'une entité assez vague, quelque chose comme une survivance, une petite veilleuse que M. Paul Le Blanc entretenait avec piété devant l'Arche Sainte de la tradition . . .

Plus consistante avait été la *Société de l'album*, sa devancière, fondée en 1847 (3), par la volonté de trois amis, dans le but avoué de passer le temps de compagnie, et aussi avec autant de membres qu'il leur plairait de s'adjoindre. Ses réunions, en nombre

(1) Le Puy, Prades-Freydier, 1894, in-12°. T. II, p. 196.

(2) Les dîners de l'*Académie* étaient plus fréquents. Mais seul le banquet qui avait lieu chaque année en la fête de St-Julien revêtait un caractère officiel, et seul il survécut à l'âge d'or de l'académie :

Voluptates commendat rarior usu . . . (*Juvénal*, Sat. XI-181.)

(3) Cf. *Mémoires* d'Amédée Saint-Ferréol, t. III, p. 173.

illimité, avaient pour prétexte un *Album* où pouvaient être encartées les fantaisies dues au crayon des sociétaires. Cet *Album* existe encore, pièce unique, dans la collection de M. Paul Le Blanc. Il eut un homonyme, littéraire celui-là, une élégante plaquette (Galice, 1866, in-12°; tirée à 50 ex.) recueil d'essais, de critiques, publiés d'abord par les membres de la société dans le *Journal de Brioude*, avec de remarquables études sur les *Blasons de la ville de Brioude*, œuvres du savant héraldiste M. Fournier-Latouraille. Mais le souvenir, même l'idée d'une semblable collaboration (1), semblent perdues. Les voyages devenus aisés, presque continuels, la diffusion accrue de la pensée imprimée, détruit les cercles presque étanches où vivaient des traditions particulières.

La société moderne est semblable à une machine qui force son régime. Elle trépide, fait vibrer même ses pièces massives dont les mouvements sont les plus lents. Jusqu'aux demi-oisifs, dans la demi-oisiveté au fond des provinces qui balancent, inquiets, soumis à des influences dont ils ne sont pas toujours conscients. Finie la flanerie, la jouissance calme, interdite l'intimité paresseuse, si douce entre les heures affairées d'autrefois . . .

Il n'y a plus de place pour ces dîners périodiques où l'on se vivait plus largement, plus profondément, car la bonne chère invite à l'expansion. Les sources sont ensablées où l'on puisait avec la bonne gaîté du bon vin et des mets loyaux, la force d'entretenir active sa culture dans l'assoupissement journalier de l'existence; où l'on trouvait aussi l'occasion de se mettre en rapport agréable avec les personnages marquants venus dans notre ville, collègues en érudition, en belle science et gai scavoir.

Je considère comme un titre de gloire d'avoir assisté à un de ces banquets dont mon vénéré ami M. Paul Le Blanc conserva jusqu'au bout la tradition. C'est à l'un d'eux, même, que fut mise sur le tapis l'idée de cette étude, car la mirifique abondance du saumon dans l'Allier, maintenue alors depuis plusieurs années, y était un grand sujet de conversation.

(1) La *Société de l'Almanach de Brioude* n'était pas encore fondée lorsque ces lignes furent écrites.

*
* *

Quand et comment l'arrivée en masse des saumons dans l'Allier eut-elle lieu ? . . . C'est ce qu'on ne peut guère préciser. Il fallut un certain temps aux professionnels de la pêche pour se rendre compte de l'abondance réelle, si inattendue, de ces superbes poissons. Puis, cette richesse une fois découverte, il était tout naturel que les premiers bénéficiaires ne cherchent pas à la rendre publique. Je crois que l'attention générale fut attirée de ce côté par un incident assez petit, que les journaux de la région relatèrent : la prise d'un saumon, *à la ligne*, par un officier venu à Brioude pour pêcher la truite. La chose était nouvelle et surprenante pour les gens du pays. Elle l'était moins pour le capitaine X. . . sportsman aguerri, fort expérimenté, familier des rivières d'Ecosse où la pêche du saumon est pratiquée le plus savamment. Cependant l'exploit était remarquable, accompli ainsi avec une ligne gréée pour la truite. La publicité s'en empara. C'était en 1900. A partir de cette année l'attention fut portée sur le saumon. La pêche s'intensifia, les revues spéciales (1) en parlèrent, et les récits transmis de bouche en bouche, allèrent porter au loin les louanges de Brioude. Beaucoup de sportsman restèrent un peu incrédules avant d'y être venus voir, beaucoup le restent encore lorsqu'on leur parle des merveilleuses pêcheries de l'Allier. Ils pensent qu'une rivière salmonifère ne se découvre pas comme une mine d'or. Ils cherchent et demandent pourquoi les saumons viennent et pullulent dans la rivière qu'on leur dit. Et personne ne peut leur répondre. J'ai voulu savoir si quelque essai de repopulation n'avait pas été tenté dans l'Allier à une époque antérieure :

Un extrait du *Bulletin de la société d'acclimatation* (2) (N° d'août 1874) nous apprend qu'à cette époque on élevait des saumons à l'école de pisciculture de Clermont. Mais les produits

(1) En particulier la *Pêche Illustrée*, organe mensuel du « Fishing Club de France » qui publia, en 1912, plusieurs articles documentés, les seuls à ma connaissance qui vaillent la peine d'être cités. Les journaux à grand tirage ne firent jamais de publicité sérieuse pour Brioude.

(2) Etude sur la *Stabulation des Salmonides dans des espaces restreints*, par B. Rico, inspecteur de l'école de pisciculture de Clermont-Ferrand. (Paris, imprimerie de E. Martinet, 1874, in-8, 7 pages).

de cet élevage semblent avoir servi à la consommation et, pour une faible part seulement, à des essais d'empoissonement des lacs Pavins et Chauvet. M. Berthoule, dans son remarquable ouvrage sur les lacs d'Auvergne (1) constate d'ailleurs la faillite de ces tentatives :

« Le saumon d'Europe, écrit-il, est assez exigeant, on le sait, sur le choix de son habitat. Et cet intrépide nomade s'accommode généralement fort mal de la vie sédentaire. »

M. Berthoule parle ailleurs d'un saumon *Heuch* (*S. Hucho*-Liné) qui semble avoir trouvé dans les lacs, des demeures mieux à sa convenance : « Sur les 18 sujets de cet espèce qui avaient été introduits dans le lac (Pavin) en 1865, à l'état d'alevin, deux seulement ont été repris le 18 juin 1874... ils pesaient l'un 8 kgs, l'autre 14 kgs, 500. Le premier était un mâle chargé de laitance. La femelle laissait échapper ses œufs parfaitement murs ».

Il m'a été rapporté — et les souvenirs évoqués devant moi doivent remonter aussi aux environs de 1870 ou 1875 — que des saumons bizarres, à *chair blanche*, avaient été pris dans l'Allier. Etaient-ce des saumons *Heuch* ? : Je n'ai vu nulle part que l'on ait essayé d'acclimater ce poisson dans l'Allier. Mais il m'a parut curieux de rapprocher le fait du passage de M. Berthoule. D'ailleurs il est fort possible que des tentatives d'ensaumonement aient été tentés dans la Loire, dont son affluent put bénéficier. Mais ceci reste fort incertain. Plus sérieuse m'a semblé d'abord l'hypothèse d'une amélioration du cours de l'Allier par les échelles à poissons, permettant aux nomades des rivières des déplacements plus aisés.

« La théorie de l'échelle à poisson était séduisante » écrivait en 1903, un homme bien informé, M. Labussière (2).

« Les poissons devaient pouvoir librement circuler sans qu'il y eut trop grande déperdition d'eau... » Mais ajoute plus loin l'auteur : « Malheureusement la pratique de l'échelle n'a pas complète-

(1) *Les lacs d'Auvergne*, par Amédée Berthoule, secrétaire général de la société nationale d'acclimatation de France. Grd. in-8, 131 pages. Paris, au siège de la Société nouvelle d'acclimatation, 1890.

(2) Maurice Labussière, avocat à la cour d'appel de Paris, *Du dépeuplement de nos cours d'eaux et des moyens d'y remédier*. Paris, Jouve, in-8, p. 43. Ouvrage non mis dans le commerce. Communication de M. Rees Lewis.

ment justifié les espérances que la théorie avait pu faire concevoir :

« Sur 157 échelles à poisson existant en France, a dit M. Mersey (1), chef du service de la pêche fluviale au ministère de l'agriculture, 16 seulement fonctionnent complètement bien et 97 complètement mal ».

L'échelle de la Bajasse doit être comprise parmi ces dernières : En effet, dès que les eaux commencent à baisser, son dernier échelon émerge de beaucoup : elle devient inutile. Mais peut-être avons-nous la chance que les écluses en aval de Brioude, sur l'Allier et la Loire, se puissent maintenant ranger parmi les bonnes installations. A vrai dire, depuis l'époque où parlait M. Mersey d'autres dispositifs ont été créés. L'utilisation, chaque jour plus diligemment poursuivie, des forces hydrauliques a conduit à multiplier les barrages et à les perfectionner.

Ainsi près de Lempdes (2), sur l'Alagnon, le barrage qui alimente l'usine électrique du bourg a été récemment réparé et muni d'une échelle. Mais hélas ! cette échelle, plus moderne que celle de la Bajasse, est encore plus défectueuse.

En somme, il semble bien que les causes vraies de l'abondance actuelle de saumons dans l'Allier échappent à l'analyse. Voici cependant ce que l'on peut observer du mécanisme des remontées.

Le nombre des saumons dans l'Allier, les temps et les circonstances de leurs migrations sont déterminées par le régime des eaux.

Enflée par les crues d'automne, abondantes, la Loire amène dans l'Océan, aux alentours de son embouchure, des troubles et des remous. Avertis par eux, les saumons se rassemblent dans l'estuaire et, à la faveur des eaux plus hautes, franchissant barrages et filets, ils arrivent maigres et fatigués, après un parcours de six cent kilomètres, jusqu'à la Bajasse.

Ils sont alors blancs comme de la crême, nous dit un pêcheur, avec quelques tâches noires.

Au printemps, la fonte des neiges vient encore favoriser leur voyage. La grande affluence a lieu vers avril. Les saumons que

(1) Conférence du 16 juin 1900 à la *Société centrale d'agriculture et de pêche*.

(2) Bourg limitrophe du département de la Haute-Loire vers le Puy-de-Dôme.

l'on prend alors sont d'une teinte foncée tirant sur le rouge brun. On explique cette coloration par le long séjour qu'ils ont déjà fait dans les eaux douces. Dans le nombre se trouvent d'anciens « bécards » (1) réengraissés pendant leur séjour en aval et reconnaissables aux restes de leur « bec ». Tous cherchent un endroit propice pour passer la saison chaude jusqu'aux prochaines crues d'automne. Alors à la faveur des eaux troubles ils atteindront, toujours plus haut, l'endroit ad hoc où frayer.

A l'Institut, M. E. Perrier a récemment analysé (séance du 6 décembre 1915) une note de M. Louis Roule, du Muséum, d'où il ressort « qu'à la montée des saumons en rivière, lors de la ponte, ces poissons se dirigent toujours vers les eaux les plus riches en oxygène, plaçant leurs œufs dans les points où il y a le plus de ce gaz (2) ».

Les eaux de l'Allier présentent nombre de ces points favorables. Les saumons les utilisent, à la hauteur de Brioude, vers septembre-novembre. Après quoi les femelles allégées de leurs œufs et les mâles épuisés redescendent. Ces derniers, les « bécards », se laissent aller au fil de l'eau et sont capturés en grand nombre par les braconniers. Presque en même temps, les femelles nouvellement écloses s'en vont à la mer. Seuls les jeunes mâles demeurent. Quand ils ont de 15 à 20 centimètres, ce qui arrive dans les dix-huit mois après leur naissance, on les dénomme « tacon », en anglais *smolts*, et, dans cet état, ils sont trop souvent mis à mal par les pêcheurs de truite.

(1) On appelle « bécards » les saumons qui redescendent les rivières après avoir frayé (en anglais ils sont dénommés *Kelts*). Cette appellation leur vient de ce qu'ils ont alors l'extrémité recourbée de leur machoire inférieure fort développée. Voici d'autre part ce qu'on peut lire, p. 260, dans l' « *Essai zoologique* ou histoire naturelle des animaux sauvages quadrupèdes et oiseaux indigènes ; de ceux qui ne sont que passagers ou qui paraissent rarement, et des poissons et amphibies observés dans cette ci-devant province d'Auvergne, par A. Delarbre, médecin. » (Clermont-Ferrand. Beauvert et Deschamps, éditeur, 5, rue des Gras, 1797, in-8) :

« ... On pêche souvent dans la Dordogne un saumon auquel on donne le nom de bécar à cause que sa machoire supérieure est réfléchie et la machoire inférieure plus étroite s'emboîte, s'il m'est permis de m'exprimer ainsi, sous le bord de la machoire supérieure ; ce n'est suivant Linné que le saumon mâle : « Hanc notam credidere nostri speciem distinctam indigitare, ac multoties dissecui pisces, omnes autem maxilla adunca esse mores intellexi, reliquas vero femineas ».

(2) Sur tous ces points, cf. Louis Roule, *Ouvr. cité*, p. 43, note (3).

Notons que les saumonneaux (1) remontent rarement jusqu'à la hauteur de Brioude. Malgré cela, le va et vient des saumons dans cette région est considérable dans sa complexité que j'ai voulu éclaircir. De décembre à mai, en suivant le cours normal du temps, les pêcheurs en sont utilement occupés. Au fort de la saison (2), aux alentours de Pâques, les pièces magnifiques abondent, pesant jusqu'à 25 et 30 livres.

Cette richesse naturelle a été mise à contribution, depuis l'époque de sa découverte, avec une activité croissante. Les pêcheurs à la ligne ont surgi de partout.

Dans la *Vie au Grand Air* (année 1900) (3), on trouve, sous la signature de M. Marcel Fouquier, un article fort révélateur de l'état où était la pêche du saumon en France, à cette date. J'en détache un passage qui nous intéresse spécialement :

« Une fois les saumons, écrivait M. Fouquier, une fois les saumons entrés dans nos rivières, ils remontent, et souvent très haut. Ainsi on en prend dans la Seine aux environs de Provins. *Ils remontent aussi l'Allier.* »

Cette dernière mention, assez timide et accessoire, semble être ajoutée là par condescendance. Aujourd'hui l'auteur devrait changer de ton. Mais, parlant d'un point de vue plus général, après avoir décrit la belle organisation de la pêche en Angleterre, Ecosse et Irlande, et souligné son importance là-bas, M. Fouquier ajoutait :

« En France rien de tout cela....

« Chez nous on considère un peu le pêcheur à la ligne comme un bon sportsman sédentaire et patient. Cependant la pêche est un sport très actif, si on sait la pratiquer, et même un art. »

Dès 1866, Théophile Silvestre avait donné la même note :

« La pêche, écrivait-il.... (4) plaisir savant, raffiné et même

(1) On se rappelle que les « saumonneaux » sont les jeunes saumons qui n'ont fait qu'un court stage dans l'Océan.

(2) C'est à cette époque que le saumon est le plus désirable. Dans son *Double Almanach gourmand* Monselet inscrit le saumon, dans son « Menu de saison » pour le mois d'avril, à coté des petits pois nouveaux. (Monselet, *Double Almanach gourmand*, année 1866. Paris. librairie du *Petit Journal*, 21, boul. Montmartre, in-8°).

(3) Cf. pages 796-797, *La pêche au saumon.*

(4) *Figaro*, 13 septembre 1866, Plaisirs rustiques.

dramatique si décrié, si peu compris tant il est *au-dessus des intelligences vulgaires.* »

Voilà une raison décisive... Mais est-il besoin, en outre, d'insister sur la différence qu'il y a entre l'objet qui nous occupe et la contemplation d'un bouchon rouge par un monsieur bedonnant, coiffé de paille ? N'est-ce pas un art que la longue patience des « lancers » successifs et variés, des actions si délicates sur le moulinet ? Un art dont il faut savoir à fond le *medium* et le *retentum* pour tromper le poisson, le ferrer, le noyer lentement et le conduire épuisé jusqu'à la rive. Un pêcheur novice, aux prises avec un saumon, brise ses engins ou laisse dévider tout son fil ; finit par tout lâcher ou choir dans la rivière. Le saumon pris à l'appât est comme un cheval difficile : il faut vaincre patiemment sa défense. Et c'est là qu'il y a vraiment du sport.

Le succès de la pêche à Brioude n'a pas été dû à de si hautes considérations. En effet, la collection des types de pêcheurs forme une gamme merveilleusement variée, où je me plais à voir les dièzes et les bémols figurés par certains auxquels il est difficile de donner la note de citoyen intègre ou celle de braconnier. Il y a là, comme autrefois, le gentilhomme qui charme ses loisirs à la campagne. Il y a le sportsman amené chez nous par les premiers bruits de la réclame — je reviendrai sur son sujet — homme riche de revenus et de loisirs. Il y a les bourgeois. Le gros, oisif, le moyen et le petit. Le boutiquier ambitieux, qui jadis pêchait le goujon. Voilà pour les amateurs. Il y a aussi des gens qui, pendant la saison de pêche, délaissent pour la ligne leurs occupations ordinaires. Quelques-uns y gagnent beaucoup : ce sont des presque professionnels. Enfin s'abattent sur la rivière, population flottante — évidemment —, toutes les variétés de sans-travail, depuis le journalier inoccupé jusqu'au vagabond, au braconnier né, au repris de justice, au délinquant habituel. Cette catégorie si diversement composée forme le premier échelon d'un consortium pour l'exploitation des eaux.

Cette exploitation est entreprise par tous les moyens licites ou non que j'ai déjà indiqués, encore et surtout à l'aide d'un engin particulier connu sous le nom de « tirette ». La tirette, dont les origines me sont restées inconnues, est formée de segments de fils de fer reliés linéairement les uns aux autres par leurs extrémités recourbées, crochetées puis entortillées, chacune le long du brin qu'elle terminait. Chaque segment a environ 20 cm. de longueur et porte, retenu par la même boucle qui l'articule avec le suivant, un fort hameçon triple. Les segments varient en nombre (de 4 à 8 environ), suivant la profondeur du fond à l'endroit de la rivière où l'engin doit être employé. Le premier est toujours lesté d'une demi-livre de plomb en grosses balles enfilées et serrées jusqu'à son extrémité libre. L'autre bout de la tirette, qui porte un dernier hameçon, est attaché à une ligne solide, montée sur une canne pourvue d'un moulinet. La ligne généralement employée est en lin, de 1 m/m de diamètre, pouvant porter dans l'air 55 kg. On lui donne 60 ou 80 mètres de longueur (autour d'un gros moulinet-tambour). La canne est, le plus souvent, un fort bambou d'environ 3 mètres, muni de robustes passants en porcelaine pour la ligne. L'ensemble doit être solidement composé, car il supporte de gros efforts.

Le pêcheur qui l'emploie, chaussé de hautes bottes imperméables, s'avance un peu dans l'eau, la canne haute. Il balance deux ou trois fois la tirette, puis effectue le lancer. Alors, quand les hameçons ont plongé, il bloque son moulinet, penche le corps en avant et, sa canne étant presque parallèle à l'eau, il lui imprime, d'amont en aval, un brusque mouvement de fauchage. Toute la méthode est là : déchirer l'eau mystérieuse avec le lasso porte-crochets. Car la tirette se comporte, lorsqu'elle rencontre, dans sa course, le poisson, comme un lasso. Alors un, deux ou trois crochets s'agrippent, le plus souvent dans la queue du saumon, paralysent sa nage, s'incrustent d'autant plus qu'il tire davantage sur la ligne. Car le poisson, sitôt atteint, file comme un trait décoché : le pêcheur doit d'abord lâcher du fil, puis courir derrière sa proie qui l'entraîne d'un effort désespéré, jusqu'à ce que, à demi-noyée, elle se laisse tirer vers le bord où la gaffe l'attend.

Cette pêche n'a rien d'un art. Elle semblerait même hasardeuse. Cependant, aux bonnes époques, dans les bons coins de l'Allier, la fatigue des mouvements multipliés qu'elle nécessite n'est presque jamais perdue. Pendant la saison 1917, la dernière dont j'ai pu suivre le cours, et la plus fructueuse incomparablement qu'on ait eue jamais à Brioude, la majeure partie des prises provint de la tirette. Bien que prohibé peut-être, cet engin fu toléré en fait, à cause tant de l'état de guerre que de l'abondance du saumon dans l'Allier, extraordinaire cette année, la pêche n'ayant pas été faite en Loire. On m'assure que plus de mille saumons ont été pris par ce moyen, dans les parages de Brioude. Un seul pêcheur aurait totalisé 320 pièces. Record ! Le chiffre peut paraître exagéré. Je le crois cependant proche de la vérité, sans pouvoir fournir sa justification. En effet, la presque totalité du saumon pris à Brioude, est enlevé au plus vite par une série d'intermédiaires fort disparates, qui forment le second échelon de ce consortium dont je parlais plus haut.

Buffets de gare, marchands de comestibles, revendeurs et revendeuses de moindre importance, mais fort nombreux, sont en relations constantes, les uns, avec les pêcheurs, les autres, — *cuique suum* —, avec les braconniers. Ils expédient chaque jour des quantités importantes de poisson sur Lyon, sur Paris, Bordeaux et Toulon même, paraît-il.

Leurs opérations sont fructueuses. Il est difficile de les suivre. Une bonne partie du trafic se fait à petit bruit et sans grande comptabilité. Pendant la saison 1917, un gros exportateur m'affirme avoir fait partir, à lui seul, *une tonne* de saumons ! Mille kilogrammes ! voilà qui donne une idée de l'importance prise, à Brioude, par le commerce du saumon.

La question, d'intérêt économique, vaut bien qu'on s'y arrête !

Le saumon, en effet, pris en bloc à la rivière, est payé de 2 fr. à 2 fr. 50 la livre (1) par les revendeurs qui le cèdent ensuite à des prix variant de 3 à 4 fr. suivant les saisons, et, si l'on fixe seulement à 8 kg. (ce qui est un minimum, beaucoup de pièces atteignant de 18 à 24 livres) le poids moyen des saumons pris à Brioude, on obtient un chiffre de 16.000 livres, sans doute *au-dessous* de la vérité, pour le total des exportations en 1917. Par contre, et ceci résulte de l'abondance même des prises, aucun pêcheur, ou presque, ne vend directement ce qu'il prend, mais a un arrangement avec le revendeur qui lui enlève *tout* son poisson au prix fait. Si le pêcheur devait vendre directement, sur place, il subirait une perte, par manque à gagner, de 10 à 12 °/°. C'est ce qui explique que le

(1) Ce sont là des prix moyens. A certaines époques, le saumon valut jusqu'à 6 fr. la livre. Pendant les périodes d'extrême abondance, le prix ne descendit guère au-dessous de la moyenne, à cause du débouché très vaste ouvert à l'exportation.

saumon soit rare à Brioude même, et que l'on n'y en trouve presque jamais, sinon quand les expéditeurs ont saturé leurs correspondants. Pendant la saison 1917, où la pêche a été presque uniquement commerciale, cette bizarerie fut facile à observer.

Les années précédentes, il n'en allait pas de même, le poisson étant moins abondant, et aussi l'exploitation de la rivière moins brutale. Le nombre des amateurs véritables était surtout plus grand, et cela gênait un peu le braconnage et la rafle méthodique des revendeurs. Ceux-ci expédiaient déjà 400 livres par semaine, dans la saison de Pâques. Mais le total des prises ne dépassait pas 600 pièces par an, dont un assez grand nombre figuraient au tableau des pêcheurs à la ligne.

Brioude recevait alors la visite de sportsmen de plus en plus nombreux. Je m'abstiendrai de citer des noms. On en pourrait trouver d'illustres dans les fastes de la pêche. On en trouverait peut-être davantage si les cuisiniers brivadois n'avaient pas négligé de découvrir — j'y reviens encore — *le saumon à la Brivadoise*. N'oublions pas que les pêcheurs sont gourmands, et ne séparons jamais ces deux objets : la pêche et la gastronomie. Leur amour va presque toujours de pair dans le cœur du même homme. Ceci vaut également pour les deux sexes. Et cette remarque psychophysiologique, dont nul ne niera l'exactitude, doit justifier mon plan : Elle est le trait d'union qui relie entre elles les parties si diverses de ce petit travail.

*
* *

Car, c'est presque un troisième chapitre qui va être esquissé dans ce dernier paragraphe : celui de la pêche sportive à Brioude. Je ne vais pas parler technique : ce serait vain et dangereux. Les Anglais sont les maîtres dans cet art. Et ce n'est point là mon affaire : je n'ai qu'à enregistrer les faits.

Jusqu'à aujourd'hui, les poissons artificiels, crevettes, devons, etc., ont été à peu près exclusivement employés, aux alentours de Brioude. Ces engins sont très efficaces, au début de la saison, quand le saumon arrive affamé. Plus tard, l'abondance du poisson aux mêmes endroits crée pour lui une question de l'alimentation : sa voracité demeure donc assez grande, tant qu'il n'est pas décimé par les pêcheurs. Mais, ces derniers se multipliant, sans doute l'ère des finesses va-t-elle s'ouvrir. On cherchera, en outre, à mieux profiter de l'arrière-saison. Il en sera de cette pêche comme il en fut de la chasse à tir où le fusil Lefaucheux, de petit calibre, resta le nec plus ultra jusqu'au jour où, le gibier se faisant plus rare et plus méfiant, on fut amené à chercher des armes plus puissantes, qui tuent plus sûrement et de plus loin.

Déjà, les mouches en plume de faisan ont fait leur apparition. Elles ont donné les meilleurs résultats. Mais quelles mouches doivent être préconisées, et quand? C'est ce que personne ne sait au juste. La pêche du saumon à Brioude n'est pas encore « classée », si je puis ainsi dire. Elle n'est pas non plus suffisamment protégée. Malgré les efforts louables du syndicat des pêcheurs pour réglementer, pour assagir l'exploitation de l'Allier, rien de suffisant n'a été accompli dans ce sens. Cependant il serait indispensable, pour l'avenir de la pêche, que les véritables amateurs ne soient pas rebutés par la promiscuité insolente de gens qui violent habituellement toutes les règles établies. Ceci est du ressort de la police. Espérons qu'elle y saura pourvoir. Le pays ne pourrait qu'y gagner. Il faut veiller partout. Il faut garder les bons postes dont suit la pieuse litanie :

Le bac d'Ouliandre.

La côte rouge (au-dessous d'Alvier).

La digue de Thuir (digue de M. de Barentin près du pont de La Mothe).

Le pont de La Mothe.

Le colombier d'Anis.

Ces endroits fameux (1) se signalent d'eux mêmes à l'attention des touristes, pendant les bonnes époques. Sur les routes qui les avoisinent, des automobiles abandonnées mettent une touche luxueuse et moderne dans les modestes paysages. Le long de la côte rouge, il me souvient d'avoir vu rangée une file de véhicules reluisants. Et de leurs peintures unies, ma vue se reporta naturellement aux alentours : d'un côté la côte excoriée, rouge piment avec des traînées de minerai jaune qui brillent au soleil comme des poussières incandescentes ; de l'autre les taillis descendants

(1) On les situera facilement sur une carte routière.

vers la rivière qui étale sa courbe comme une bordure liquide, doublée de sable au bas de la pente et, plus loin, la plaine touffue, hérissée d'arbres, qui s'en va, verte et grise, jusqu'aux collines lointaines noyées de brume.

Toute autre est l'ambiance à la Bajasse, car nous y voici enfin, au milieu des moulinets qui cliquettent sur la basse de la chute ronflant en sourdine. Ici, on a devant soi la bande blanche des eaux, comme une large coulée de lessive, et, dans le grand espace libre entre le grand viaduc rouge et gris, les hauts herbages d'en face et l'échappée lointaine de la rivière en amont, la surface verte de l'Allier, placide. Le paysage est reposant, sans attrait particulier à lui même. Mais les pêcheurs l'animent, lui donnent un caractère. Ils sont là, nombreux, sur une mince bande de terre de quelques soixante mètres de long, entre les assises maçonnées de la voie ferrée et l'amorce du barrage. Ils sont divers : étrangers et autochtones de toutes classes et de tous rangs, nouveaux venus au sport et vétérans d'Ecosse et de Bretagne. Autour d'eux il y a foule. Car c'est là que le curieux pourra sûrement assister à une capture. C'est là surtout qu'on voit sauter les saumons! Pour peu que le temps soit favorable, à chaque instant les poissons rutilants et sombres se lancent hors des remous, comme des javelots, tordent leurs dos élastiques puis replongent la queue en l'air. Le spectacle est féérique dès que le soleil en veut être. Et c'est sur cette vision que je veux arrêter cette étude...

Ainsi, pendant ces dernières années, l'affluence des saumons à la Bajasse a eu surtout des conséquences commerciales immédiates. Je suis heureux, certes, du bienfait économique qui en est résulté pour le pays, heureux aussi du bon renom brivadois que les saumons ont porté au loin.

Mais puissent, en retour, ne nous revenir point de maux. Qu'une exploitation trop intensive ne dépeuple pas la rivière. Que les délits soient réprimés. J'y reviens, le point est capital. Que l'afflux des étrangers soit un concours de sportsmen et non de gens orientés seulement vers un but de lucre. Je fais ce vœu en tremblant : il pourrait, réalisé, transformer en une coquette station de pêche Brioude, d'où disparaissent les traditions gaies. Chacun en rendrait grâce au ciel. Mais gardons-nous du vulgaire. *Odi profanum*... Et c'est bien assez du viaduc dans les paysages de l'Allier.

Que du train noir et bruyant ne s'abattent pas les troupes épaisses que poussent, loin des villes, les billets à prix réduits. Que les guinguettes ne se multiplient point. Que la nature garde un peu d'intimité pour ceux qui savent goûter le charme de l'herbe et de l'eau, solitaires. Pour ceux aussi qui m'auront lu : je les invite, s'ils aiment à méditer sur les choses d'autrefois, à venir eux mêmes à la Bajasse, et à revivre devant l'eau qui coule, tantôt calme et tantôt agitée, quelque détail de son histoire. Ils y prendront plus de plaisir que je n'ai pu leur en donner.

VALENTIN MONTALBAN.

Post-Scriptum. — Quiconque aujourd'hui s'en irait, suivant mon conseil, rêver à la Bajasse, reviendrait sans doute fort déçu. D'abord, pour arriver jusqu'à la digue, on ne tente plus les hautes difficultés du remblai à pic. Seuls les employés de chemin de fer fréquentent le viaduc. A ma dernière visite, il y avait, suspendue contre l'arche de brique, par des cordages, une nacelle blanche où des maçons s'installaient. Mais les maçons, les ouvriers des différents corps sont occupés surtout de la « pelliere » dont la crête bâtie à neuf et le puissant glacis émergent largement. La rivière détournée par le bras des moulins, épuisée d'ailleurs par la canicule brûlante et sans pluie, laisse son lit presque à sec en amont. En aval reste une lagune avec des pilotis portant les échafaudages et la grande machine à enfoncer les pieux dont la haute charpente se dresse, comme une catapulte, au dessus du parapet. La berge ouest, demi sauvage, autrefois pittoresque, a perdu ses taillis et sa verdure. Sur l'autre rive, les arbres décharnés abritent des outils et des matériaux de construction. Les profondes ornières des camions sillonnent la glaise et mènent à un ponceau rustique qui, jeté sur un petit bras de l'Allier, relie le chantier au chemin. Cette passerelle trop commode a détruit le mystère et compromis le charme de ces lieux. On en viendrait presque à souhaiter que le barrage n'ait pas été rétabli.

Cependant, j'ai sous les yeux une photo de la Bajasse qui représente ses ruines après l'écroulement du 7 janvier 1918. A la place du « grand portail », la rivière s'étale largement entre les deux tronçons de la digue. De ces tronçons l'un, très court, à l'ouest, semble presque intact dans son ensemble. L'autre émerge, à mi-distance des rives, comme un toit de masure effondré. La maçonnerie disjointe laisse voir, à l'intérieur, un mélange de pierrailles terreuses et de bois enchevêtrés que le courant emporte. Un peu plus loin, l' « échelle » est encombrée, sans dommage apparent, d'un amas de glaçons. Et sur les bancs de sable çà et là, sur les restes de la digue, sur les collines lointaines, s'étalent de larges taches et des franges de neige hachées par les branchages des arbres riverains. L'ensemble est triste. Surtout au regard des pêcheurs qui doivent, pour trouver du saumon, remonter jusqu'à Langeac. Et Langeac, où le barrage du Chambon a résisté, détient aujourd'hui le record enviable des prises. Pourtant c'est à Chilhac qu'a été pêchée, au cours de la saison dernière, la plus belle pièce dont on ait parlé dans le pays. Un mâle de 32 livres, mesurant 1 m. 22 de la tête à la queue, et 60 centimètres de tour. D'ailleurs, le mérite des coins de pêche a beaucoup varié depuis la chute du barrage de la Bajasse. Le rendement de la rivière a été moindre, et les prix du saumon en subissent le contre coup. Sur place, les revendeurs ont acheté, pendant le mois d'avril 1919, jusqu'à 14 francs le kilog que l'on comptait 25 francs à Paris. En ces temps de restrictions il ne faut s'étonner de rien.

On ne peut faire de pronostics d'aucune sorte pour la saison prochaine. Qui sait dans quelle mesure et combien de temps durant les habitudes des saumons de l'Allier vont être troublées? Si le poisson est doué de mémoire, les vétérans ont dû réfléchir, ces deux dernières années, quand ils ont, sans obstacle, traversé nos parages. Que penseront-ils en retrouvant les barrières un moment disparues?... Mes lecteurs penseront que ce n'est là qu'un simple épisode à noter après bien d'autres semblables, et prédiront, avec moi, un renouveau de prospérité à Brioude port de pêche.

Brioude, septembre 1919.

V. M.

APPENDICE

I

Arrentement par Bertrand de la Tour, évêque du Puy, et Pierre de Nozières, prieur de Chamalières, de l'écluse de Confolent établie sur la Loire pour la pêche des saumons.

In nomine Domini, amen.

Noverint universi quod anno Domini M° CCC° LXX° quarto et die XXIII^a mensis marcii, indictione XII^a, pontifficatus sanctissimi in Christo patris et domini nostri domini Gregorii digna Dei providencia pape XI, anno quarto, reverendoque in Christo patre et domino domino Bertrando, Dei gracia Aniciensi episcopo et comite Vallavie existente, in mei, notarii publici et testium subscriptorum presencia, personaliter constituti apud Monastrolium, Aniciensis diocesis, in aula episcopali castri ipsius loci, venerabiles et circumspecti viri domini Petrus de Murato, decanus Bituricensis, Beraudus Blavi, forisdecanus Aniciensis, vicariique in spiritualibus et temporalibus dicti domini Aniciensis episcopi generales, ex una parte; item, venerabilis et religiosus vir dominus Petrus de Nozeriis, prior Camaleriarum et de Coffolenco, nomine dictorum prioratuum, ex quadam alia parte; item, et dominus Johannes Maselli, presbiter de Coffolenco, et Johannes Chazanova, ex quadam alia parte; ipsi, inquam, prefati domini confessi fuerunt et in verbo veritatis recognoverunt quod exclausa sive payceria que de die in diem fit et perficitur in flumine Ligeris, in territoriis vocatis a parte occidentali Peyrogrosse et a parte orientali de la Rostanheyra, flumine Ligeris labente inter territoria predicta, facta fuit communiter per dictos dominum episcopum et priorem communibus sumptibus, tam in lignis et maderia ibidem neccessariis quam aliis expensis in dicta payceria sive exclausa factis et sequtis : demptis tamen et exceptis nonnullis jornalibus per dictos dominum Johannem Maselli et Johannem Chazanova factis in payceria antedicta, tempore constructionis ipsius, quibus in dicta payceria vacarunt absque alicujus mercedis perceptione, quia inde nichil habuerunt nisi solum victum quem diebus quibus vacarunt habuerunt.

Quibus premissis peractis, supradicti domini vicarii et prior ascensaverunt et ad firmam remiserunt prefatis domino Johanni Maselli et Johanni Chazanova, presentibus, sollempniter stipulantibus et recipientibus, exclausam seu payceriam antedictam per ipsos habendam et possidendam quamdiu vixerint et non ultra, sub pactis subsequentibus :

Primo, fuit conventum inter dictas partes quod prenominati dominus Johannes Maselli et Johannes Chazanova teneantur dictam exclausam, durante tempore ascense hujusmodi, tenere reparatam et sufficienter munitam suis propriis sumptibus, retento tamen quod prefati dominus episcopus et prior teneantur asportari facere omnia ligna et maderias neccessarias in predicta exclausa in rippa Ligeris, juxta exclausam predictam et eas ministrare arrendatoribus predictis expensis suis propriis, et quod prenominati arrendatores teneantur predictas ligna, futas et maderias neccessarias pro reparatione predicta scindere ad nemus sive scindi facere suis propriis sumptibus. Si vero, quod absit, dictam payceriam seu exclausam contingeret in toto vel in parte inundatione aquarum vel propter gelu seu alias rumpi seu perforari faciendo bircum vel alias funditus aut radicitus destruique, eo casu, proviso dictis arrendatoribus per predictos dominum episcopum et priorem de lignis et maderiis neccessariis in reparatione predicta, dicti domini episcopus et prior pro mediate et dicti arrendatores pro alia mediate teneantur dictam exclausam aptare et reparare sumptibus dictarum partium.

Item, quod prenominati arrendatores in ascensa possint secum associare unum vel duos probos homines sufficientes, tamen et ydoneos in predictis, quem seu quos habeant presentare domino episcopo et priori in quorum manibus prestare habeant juramentum de se bene et fideliter habendo in ascensa predicta.

Item, quod dictus associandus seu associandi teneantur se obligare dominis episcopo et priori et dictis arrendatoribus et omnia alia facere ad que debebunt in premissis.

Item, quod quarta pars salmonum qui capientur in exclausa predicta perpetuo pertineat domino Aniciensi episcopo, et alia quarta pars dicto domino priori, et reliquie due alie quarte partes predictis arrendatoribus pertineant ad tempus afferme seu ascense predicte.

Item, quod pisces omnes alie que capientur in passeriis salmonaribus inter predictos episcopum, priorem et arrendatores per modum consimilem dividantur.

Item, quod omne alie pisces que capientur in predicta exclausa extra pannerios salmonares, predictis arrendatoribus debeant pertinere.

Item, quod si predictus dominus episcopus indigebat uno vel pluribus salmonibus vel piscibus ultra partem suam predictam, quod de salmonibus et aliis piscibus venalibus captis in predicta exclausa dando et solvendo justum et moderatum precium predictis arrendatoribus, possit accipere seu capi facere tociens quociens indigebit et sibi videbitur, sine difficultate quacumque, pro libito voluntatis.

Item, de ceteris huic presenti publico instrumento non expressis, stent et stare debeant consuetudini generali in ripperia Ligeris communiter per tales arrendatores super talibus observate.

Item, quod dicti associandi per dictos ascensatores in exclausa predicta prestare habeant et reddere bonum et legale computum dictis domino episcopo et priori, necnon et dicti arrendatores de piscatione exclause predicte.

Et sic mediantibus omnibus pactis supradictis, dicti domini vicarii et prior supradictam exclausam transferentes in dictos arrendatores, constituerunt ipsos veros dominos et procuratores in et ad tempus arrendamenti superius prefixi, constituentesque se nichilominus, nomine dictorum arrendatorum, dictam exclausam jure precario possidere quousque possessionem ipsius nacti fuerint, quam adhipiscendi quandocumque voluerint licenciam sibi dederunt. Volentes, etc., et promiserunt, etc.

Subsequenter vero, ibidem incontinenti, prenominati arrendatores, predictam ascensam gratam habentes et acceptantes, promiserunt dictis dominis vicariis et priori complere et observare, sub expressa obligatione omnium bonorum suorum, omnia superius in presenti publico instrumento contenta, etc; et renunciaverunt dicte partes, etc.

Acta fuerunt hec ubi supra, presentibus testibus Petro Sicardi, domicello, dominis Anthonio Auzola, curato de Brinhone, Durando Rostagni, presbiteris, magistro Johanne Salvinho, notario, et ego Raymundus Ales, clericus Aniciensis diocesis, publicus auctoritate apostolica et juratus dicti domini Aniciencis episcopi notarius, etc.

Archives de la Haute-Loire, G. 107, original en parchemin.

II

Valmont Bomare. — *Dictionnaire d'Histoire Naturelle*. Ouv. Cit. (Cf. Chap. I, p. 4. Note 3). Tome XIII, page 23.

M. Deslandes rapporte de la manière suivante l'établissement qui a été fait à Chateaulin pour la pêche des Saumons.

« Cet établissement consiste dans un double rang de pieux qui traversent la rivière d'un côté à l'autre, et qui étant enfoncés à refus de mouton forment une espèce de chaussée sur laquelle on peut passer. Ces pieux sont mis les uns près des autres et il y a encore de longues traverses assujetties par des boucles de fer qui les retiennent tant au-dessus qu'au-dessous de l'eau. A gauche en remontant la rivière, est un coffre fait en forme de grillage et qui a quinze pieds sur chaque face : on l'a tellement ménagé, que le courant de la rivière s'y porte de lui-même. Au milieu de ce coffre et presque à fleur d'eau, se voit un trou de dix-huit à vingt pouces de diamètre, environné de lames de fer blanc un peu recourbées, qui ont la figure de triangles isocèles et qui s'ouvrent et se ferment facilement.

Leur ouverture ressemble assez aux ouvertures des souricières faites avec du fil de fer. Le saumon conduit par le courant vers le coffre, y entre sans peine en écartant les lames de fer blanc qui se trouvent sur sa route, dont les bases bordent le trou. Ces lames, en se rapprochant les unes des autres, forment un cône et elles s'ouvrent jusqu'à devenir un cylindre. Au sortir du coffre, le saumon entre dans un réservoir d'où les pêcheurs le retirent par le moyen d'un filet attaché pour cela au bout d'une perche. Leur adresse est en cela si grande qu'ils ne manquent point de retirer aussitôt celui qu'ils choisissent de l'œil.

Les saumons ne viennent pas toujours dans la même abondance. Quand ils se suivent de loin, ils se rendent tous dans le coffre et du coffre dans le réservoir, sans monter davantage. Mais quand ils arrivent par grandes troupes, les femelles attirant les mâles qui redoublent d'ardeur et de force pour les suivre, alors ils passent à travers les pieux qui forment la chaussée avec une vitesse incroyable. A peine peut-on les suivre des yeux. Par ce moyen un grand nombre de saumons échapperaient aux pêcheurs s'ils n'avaient attention de s'embarquer dans de petits bateaux plats et de se couler le long de la chaussée où ils tendent des filets dont les mailles sont assez serrées. Tout le poisson qui se prend est aussitôt porté dans le réservoir où il se dégage et acquiert un goût plus exquis ».

III

Alléon Dulac dans son *Mémoire pour servir à l'Histoire Naturelle* (Ouv. Cit. Cf. Chap. II, p. 38. Note 2) consacre plusieurs pages à la description des « Avaloirs de la Loire près du château de la Barrallière ». Son texte est encombré de détails techniques relatifs à la construction de ces pièges, aux matières employées. Certains passages en sont obscurs. Le fonctionnement même des avaloirs y est difficile à saisir, et le plan qui devrait éclairer le tout cause, au contraire, des embarras : tant il est souvent en désaccord avec les explications données.

On a détaché de ce plan les parties essentielles et débrouillé les enchevêtrements de la rédaction. Il en est résulté la planche ci-contre et la légende qui suit. Dans la figure principale, la flèche A désigne le sens du courant.

B marque le dessus de la digue supposée perpendiculaire au plan du papier.

L représente l'extrémité de la claie verticale, qui barre l'espace compris entre les deux massifs de maçonnerie D, D', et au milieu de laquelle s'ouvre le goulet M de la nasse (Cf. croquis I).

E est une porte par où l'on peut jeter le filet dans la partie N de la nasse.

F est une autre porte par où l'on descend dans la cage de l'avaloir, pour y prendre les poissons restés dans la nasse.

De plus :

K représente la tige de manœuvre d'une vanne par laquelle on peut fermer l'entrée (par rapport à la flèche A) de l'avaloir, quand on veut y chercher le poisson.

G est une grille horizontale destinée, en cas de crue, à laisser échapper le trop plein d'eau de l'avaloir.

Le croquis perspectif (I) qui représente la carcasse de la nasse, et le croquis (II), qui donne en plan la claie L, suffisent à donner une idée de l'organisation intérieure de l'avaloir. Les lettres marquées sur ces figures correspondent exactement aux lettres de la planche principale.

Ceci posé, il est facile de saisir le fonctionnement du piège : Le saumon

Extrémité d'une écluse munie d'un avaloir.

remontant la rivière (sens contraire de la flèche A), vient se jeter dans le goulet M et reste prisonnier en F ou en N.

IV

Le coup du milieu (1).

« Il y a deux manières de servir le coup du milieu. Ou c'est l'amphytrion qui le verse dans de très petits verres de cristal destinés à cet usage et qu'il

(1) *Manuel des Amphytrions*, page 296. Par l'auteur de l'*Almanach des Gourmands*, Grimod de la Reynière, Paris, Capelle et Renaud, M. DCCC. VIII, in-8°.

fait passer à chaque convive, en commençant par sa droite ; ou c'est une jeune fille de quinze à dix-neuf ans, blonde, sans aucun ornement sur la tête, et les bras nuds jusqu'au dessus du coude, qui, tenant de sa main droite le porte-verres et de l'autre la bouteille, fait le tour de la table et sert successivement chaque convive au-devant duquel elle s'arrête. Ceux-ci ne doivent prendre aucune liberté avec cette Hébé d'une espèce nouvelle et qu'on choisit vierge, autant du moins que faire se peut. *Car les vierges de dix-neuf ans sont fort rares à Paris.* Mais, de quelque manière que ce coup soit servi, il est toujours unique et sous aucun prétexte on ne peut se dispenser de le boire ».

TABLE DES MATIÈRES

*Limité à un petit nombre d'exemplaires
sur papier d'Arches,
cet ouvrage fut achevé d'imprimer
sur les presses de
PEYRILLER, ROUCHON & GAMON,
23, boulevard Carnot, Le Puy-en-Velay
le 19 décembre 1922.*